ラストハンター

片桐邦雄の狩猟人生とその「時代」

飯田辰彦

みやざき文庫 78

引用：国土地理院 2万5千分の1 田口、佐久間、三河大野、天竜
浜松、磐田、掛塚

馬乗りになってシシの目隠しをする片桐。
このあと４本の足をひとつに束ねる

一章 七十キロのイノシシを生け捕る

猛り狂うシシに〝鼻取り〟で対峙

ジムニーのハンドルを握っていた片桐が、「あれっ？」と小さくつぶやいて、車を谷川の崖上に寄せた。罠の見回りをはじめて二時間半、「きょうは空振りに終わるのかな」と思いはじめた矢先のことだった。

ここは、赤石山脈が太平洋に向けて南に尽きようとする静岡県西部の丘陵地。具体的な地名で説明すれば、浜松市北区引佐《いなさ》町の山中、浜名湖に注ぐ都田川の中流域にあたる。その都田川に沿って走るのが県道二九九号線で、西久留米木《にしくるめぎ》の集落を過ぎてほどなく、北に分け入る枝谷との分岐に差しかかる。天竜二俣（浜松市天竜区二俣町）の罠猟師、片桐邦雄が愛用の軽の四駆を停めたのは、そこから百メートルばかり枝谷を遡った地点だった。

サイドブレーキの根元におかれた双眼鏡を手にとった片桐は、おもむろに顔にあてると、「シシですね。少し大きいかもしれない」と落ち着いて説明する。助手席に座る私は片桐から双眼鏡を受け取ると、彼が指さす対岸の杉林に目を凝らした。この場所は猟期に入ってすぐ、片桐について罠を仕掛けるときに同行したポイントでもあり、あたりの景観に見覚えがあった。レンズを通して、黒々と丸まった〝物体〟が杉の根元に臥せっているのが見える。紛れもなく大型のイノシシの背中だった。

道具一式が入ったザックを背負い、〝鼻取り〟の竿を手にした片桐は、垂直な崖を谷川まで滑り下り、岩伝いに対岸に渡る。罠は川岸から二十メートルばかり離れて設置されており、我々が近づく気配をとうに察知したシシは、前足をワイヤーで括られているにもかかわらず、それを引きちぎらんばかりの勢いで向かってくる。「七十キロ弱ぐらいかな。メスですね」と、最高度の緊張を強いられるこの場面でも、片桐は冷静に相手を分析している。

片や、片桐のうしろからシシにカメラを向ける私は、早くも体が細かく震えている。五十キロをこすシシが猛り狂う姿は、何度その場に身を置いても慣れるということはない。二十五年も前、はじめて九州の罠猟師について現場に立ち合ったとき、シシの余りの迫力にカメラを支える腕の震えがやまず、あとで現像したポジがことごとくブレていて、大恥をかいたことがあった。片桐のように、いっさい銃を使わない純粋な罠猟では、シシと同様、猟師の側《がわ》もまさしく命懸けなのである。万が一、シシの前足を括るワイヤーが切れたときのことを想像すれば、命懸けの意味が容易に知れよう。

ところで、罠を構造面から（原理的に）分類すると、「括《くく》り罠」と「落とし罠」に大別できる。落とし罠は人間や猟犬が誤ってはまる率が高く、また安全上からも最近ではほとんど用いられなくなった。一方、括り罠は〝ハジキ〟あるいは〝吊り上げ〟とも別称され、狙う野生動物の体の部位により「足括り」もしくは「胴括り」に区分される。胴括りの場合、かかった獲物は早いと

きには三十分ほどで鬱血《うっけつ》死してしまうから、肉の商品価値を重要視する猟師であれば、まずこれ（胴括り）を選択することはない。

足括りにかかった獲物なら、多少の個体差はあっても、たいがい三〜四日くらいは足首を括られたままでも生きている。もちろん、長い時間暴れ回った獲物はそれだけでかなり体重を減らすため、なるべく早く捕獲し、解体するに越したことはない。そして、足括りの何よりのメリットは、獲物の体の損傷を最小限に食い止められることだ。つまり、足首を括られると、獲物はワイヤーから逃れようと必死にもがく結果、括られた足は内出血をおこし、それは〝血ワタ〟（血溜まり）となって体内に残る。さらに、暴れたことで災症をおこした筋肉は、その時点で商品価値を失う。それでも、胴括りで一瞬に死なせてしまった獲物に比べるとまだしも、一

（右）鼻取りを携えてシシの捕獲に向かう片桐
（左）ウツの地中に巧妙に「弁当箱」を仕掛ける

本の足だけを犠牲にする足括りははるかに優れた猟法といえるだろう。

片桐が使っている罠は変形の括り罠ともいうべきもので、じつにユニークな形状をしている。みずから「弁当箱」と呼ぶそれは、市販の罠にヒントを得て、長い試行錯誤の末に完成させたものだ。文字どおり弁当箱の形をした仕掛けには、その周囲にワイヤーが渡されていて、これをウツ（獣道）に浅い穴をうがって埋めておく。ワイヤーの一端は手近な丈夫な木の根に固定する。やがて通りかかったシシなりシカなりがこれを踏むと、弁当箱から外れたワイヤーがバネの力で瞬時に締まり、獲物の足首を見事捕らえる仕組みになっている。

さて、鼻取りをシシの頭に向けて突き出す片桐を目がけて、興奮の頂点に達した相手は何度も何度も突進を繰りかえす。そのたびに太さ五

罠を設置し終えたあとの現場。すでにこの段階からシシとの闘いがはじまっている

ミリのワイヤーは切れんばかりに軋み、シシの荒々しい鼻息と入り乱れて、これ以上ない緊迫の空間を現出させる。体重のあるシシの場合、それが斜面を下に向かって駆けくだろうとすれば、ワイヤーは難なく切られてしまう。だから、シシの捕獲に当たるときは、斜面の上から近づくのが鉄則なのだ。

三度ほどシシの頭に振られた鼻取りが、ついにシシの鼻をガッシリ捕らえた。罠同様、自作の鼻取りにもバネが組み込まれていて、いったん鼻がワイヤーに括られたが最後、けしてその状況から逃れることはできない。鼻取りに落ち着く前には〝口取り〟も試したことがあるそうで、より安全で確実な捕獲を追い求めた結果が鼻取りであったという。

片桐がこうした道具を駆使しながら、まさしく命懸けの大捕り物を演じるのは、すべては獲

鼻取りを何とかシシの鼻に掛けようと操作する片桐。シシの右足を捕らえたワイヤーが切れない保証はない

物を生かして捕獲したいがためなのである。要は〝生け捕り〟を狙っているのであり、この一点に片桐とほかの猟師たちとを分かつ境界、そして一猟師が到達し得たひとつの境地がある。

片桐と出会ったのは平成二十年の二月末のこと。私が長く九州山岳でシシ猟の取材を続けているいることを知っていた友人が、「天竜二俣の町中に面白い猟師がいるよ」と教えてくれたのがキッカケだった。猟師と聞いただけでジッとしていられなくなる私は、取るものも取りあえず二俣に向かった。そこは「竹染」を名乗る割烹店で、片桐はじつはこの店の主でもあったのだ。

店頭にバラック造りの資材置き場があり、その屋根に蜜蜂の飼育用と分かる巣箱がいくつも載っている。片桐は狩猟だけでなく養蜂も手掛けているのだろうか。

「ニホンミツバチ(和蜂)の巣箱です。大した

鼻取りがシシの鼻を捕らえた瞬間。2カ所に支点ができることで、シシの動きの自由は奪われる

量にはなりませんが、蜂蜜も竹染で扱っています。でも、私の本業といえるのは川漁師かもしれません。一年のうちでも、もっとも長い時間を天竜川で過ごしていますから……」

ここまで聞いて、片桐がこれまで私が付き合ってきた猟師たちとはまったく別次元のハンターであることが分かってきた。さらに、狩猟（カモは除く）はすべて生け捕りで、それはひとえに商品として肉質を保つためであると聞くに及び、私はこの出会いが途轍もなく大きな意味を孕んでいることを確信した。「生け捕った獲物はすべて、自家の解体場で失血死させ、獣臭がいっさいしない〝天然肉〟を供します」と涼しい顔で話す目の前の猟師に、私は底知れない畏怖の念も感じはじめていた。その翌月から私の二俣詣でがはじまり、ニホンミツバチを皮切りに、川漁、カモ猟、そして罠によるシシとシカの捕獲へと、めくるめく狩猟の日々を体験することになったのである。

罠の見回りは連日八十キロを移動

すでに左前足をワイヤーにとられているシシの動きをさらに封じるためには、前足のほかにもう一カ所緊縛のための支点を作る必要がある。そのための鼻取りであり、シシの鼻を捕らえたワイヤーは、屈強な猟師の手で、罠とは対角線にある杉の根元に固定される。こうなると、さしもの野生獣も動きの自由を完全に奪われ、最後の抵抗とばかりに、甲高い悲鳴を挙げるばかりだ。

次に片桐がおこした行動はじつに意表をつくものだった。ザックの中から取り出したものはガムテープで、それをワシ掴みにしたかと思うとシシに馬乗りになり、首を抑えてテープでシシの顔をグルグル巻きにしてしまった。それが目にも留まらぬ早さで行われたため、一瞬私は眼前で何がおきたのか理解できなかった。

「目隠しをすると、どんな動物もとたんに静かになりますからね。あとの作業がしやすくなるだけでなく、（私が）ケガをする確率も下がりますから……」

片桐のその言葉どおり、目隠しをされたとたんにシシの叫び声はおさまり、緊縛状態を振りほどこうともがく動きも静まった。この期に及んでシシは観念したのである。片桐の表情もようやく和み、〝ひと山〟こえたことを物語っている。しかし、これだけのサイズ（七十キロ）になると、このあとの作業も一瞬たりとも気が抜けない。わずかな油断が事故のもとになる。罠猟をはじめて二十五年、片桐がケガらしいケガを負うことなくここまでこれたのは、ひとえにこれ以上ない真摯さで罠猟に取り組んできた彼の姿勢の賜物というしかない。高度に磨きあげられた捕縛のテクニック、そして究極の罠猟を求めての飽くなき探究心……。

目隠しに続いて、片桐はシシの四本の足を束ねにかかる。このとき、最初にワイヤーにかかった足の位置にほかの三本を手繰り寄せ、丈夫なロープで括りあげる。これでシシの動きの自由は完璧に奪われ、手足をもがれた別の生き物のような状態になる。ここに至って、片桐はようやくシシの前足を捕らえたワイヤーを外し、鼻にかけたもう一方のワイヤーを引いて谷川の縁までシ

シを運ぶ。

そうしておいて、対岸の崖を駆け登った片桐は、ジープのウインチに巻きつけてあるワイヤーを緩めて下ろし、シシの鼻のワイヤーと結びつけた。リモコンでウインチを動かすと、おもむろにシシの巨体が崖をずり上がってゆく。林道を偶然、軽トラックで通りかかった地元の年輩者が、物珍しそうにケータイのレンズをシシに向ける。「こうやって捕るのかね」と、いたく感心した様子だ。

林道まで運び上げられたシシは、ジムニーの後部ラックに寝かされた格好で括りつけられる。大猟の日には、この狭いラックに何頭ものシシやシカが折り重なるように積み上げられるのだから、壮観だ。「道行く人が何だ、何だ、何事だと振り返りますね」と片桐は苦笑するが、それは大猟の証明でもあり、まんざら悪い気はしな

馬乗りになって目隠ししたシシの４本の足を束ねる

荒ぶるシシの動きを完全に封じ、
ホッと表情を緩める千両役者

いらしい。
しかし、大猟の日には大猟の日の苦労がある。こうした日には、家に帰ったあとの解体作業にたっぷりの時間がとられるからだ。
前に述べたように、生け捕りにした獲物はすべて、自家の解体場で失血死させる。その詳細については後述（九章）するが、捕獲当日にやることは、この失血死（つまり屠殺）と、腹を割いて（腹掻《はらか》き）内臓をすべて取り出す段階まで。ひと晩、解体場の冷暗所にこれ（本体）を吊り下げておき、翌朝を待って片桐の長男である尚《なお》矢《や》の手により、皮剝きと解体の本番がほどこされるのだ。
見回り→捕獲→解体（腹掻き）という一連の流れ作業は、三カ月の狩猟シーズン中、一日たりとも欠かさず続けられる。罠をひとつひとつチェックしながら引佐の山中を駆けめぐると、

ジムニーに運ばれるのを待つ捕獲されたシシ。もはや叫び声をあげることもない

（上）ウインチで谷の斜面を引き上げられる巨体
（下）ジムニーのラックにおさまった獲物

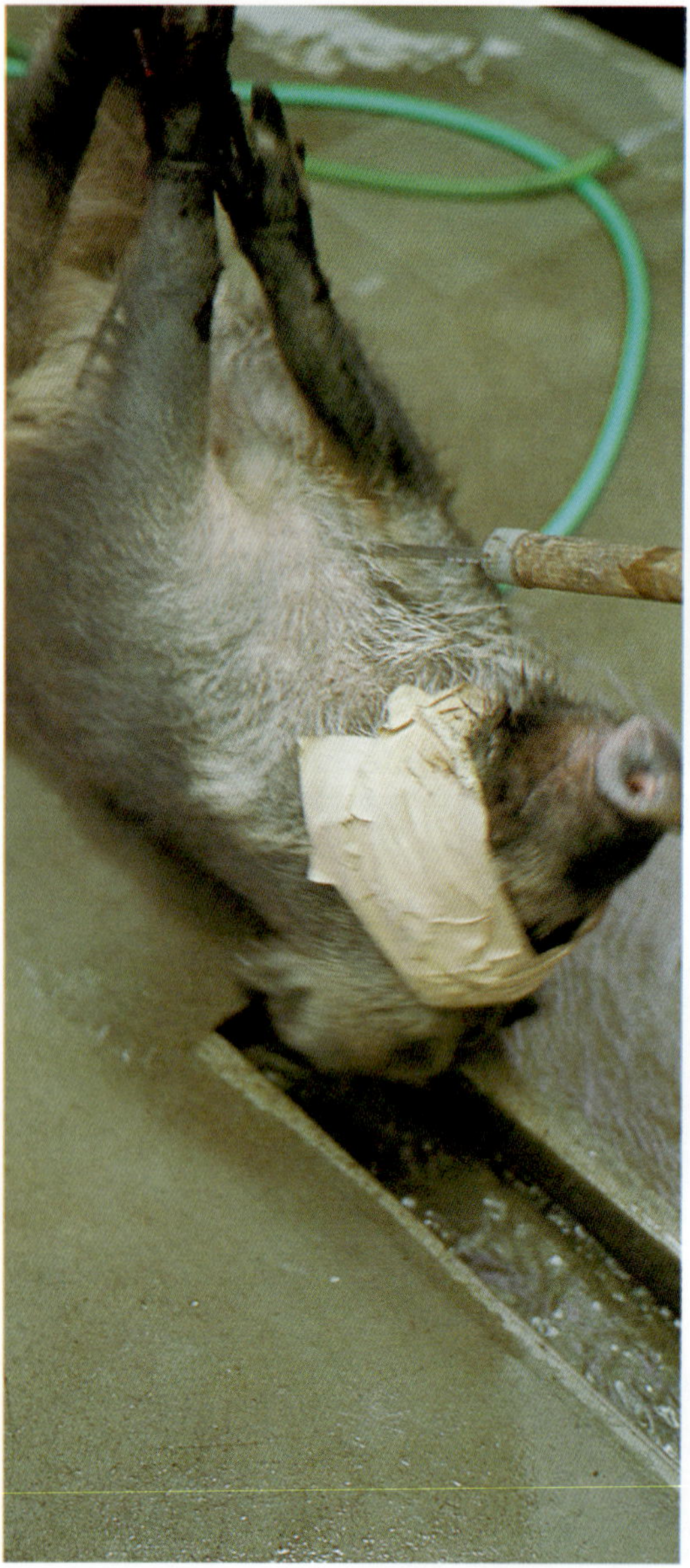

(右)獲物はすべて、屠殺前に体重を記録する
(左)失血死のための槍が差し込まれた瞬間

ジムニーの走行距離は一日で七十~八十キロにも達してしまう。獲物のかかっていない日でも、外れた罠をかけ直したり、罠の設置場所を移動させたりすると、ひと回りするのに優に五時間を要する。獲物がかかっていようものなら、これに捕獲のための時間が加算され、おのずと長い一日となる。

片桐の一年の仕事のサイクルを考えたとき、狩猟に没頭するこの三カ月間は特に心身ともに極度の緊張感を強いられ、おのずと体力の限界が試される。

意外に新しい和蜂の発見

二月十五日で猟期が終わると、蜜蜂の分蜂がはじまる四月まで、片桐家に束の間の平穏がおとずれる。とはいっても、店は常にオープンしているため、客がある限りは休猟（漁）期ではあっても、板場に入らないわけにはいかない。後継者である長男の尚矢が腕を上げているとはいえ、まだ完全に店をまかせるレベルには達していないと判断しているようだ。ちなみに、次男の真矢《しんや》は二俣の町外れの船明《ふなぎら》に、食堂兼売店の小さな施設をもたされている。

休猟中にひとつ大事な作業がある。蜜蜂用の箱作りである。ニホンミツバチの養蜂に使う巣箱は各地で呼び名が異なり、ウト、ウロ、ブンコ、ゴーラ、ミツドウ、ハチドウ、ミツバチタッコなどとさまざま。私が長く取材で通っている九州・宮崎の県北地方では、ブンコウ、ドンコ、ウトといった呼び方が一般的だ。翻って、静岡でニホンミツバチの飼育が育んな井川地域（静岡市）でも、また片桐が住む天竜川の流域でも特に決まった通称はない。ふつうに〝巣箱〟と呼んでいる。

それはさておき、ひと口に巣箱といっても、ニホンミツバチの飼育に使われるものには、大別してふたつのタイプがある。板を四角に組み立てる角型と、太い木の幹を利用して内側を刳りぬいて作る丸洞《まるどう》タイプに分かれる。丸洞は角型に比べ洞中の空間が狭く、おのずと巣板（板状になった蜜ロウ）の体積で劣るという欠点がある。しかも、丸洞は巣箱そのものが重いため、移動させにくいという難点もある。しかし、宮崎では今でも主流は丸洞で、効率の悪さも何のその、山住みのホビー養蜂家たちは好んでこの巣箱を使う。

片桐の養蜂の実際に迫る前に、そもそも蜜蜂とはいかなる生きものか、基礎的な知見を披瀝しておこう。

まず、世界には現在、九種の蜜蜂が生息しているという。商業養蜂に使われるセイヨウミツバチは、ロシアの一部をふくむヨーロッパやアフリカが原産地で、意外にも残りの八種はすべてアジアに生息している。南北アメリカやオセアニアには本来蜜蜂は生息していなかったが、ヨーロッパ人の植民とともに、養蜂目的でセイヨウミツバチの導入がはかられた歴史がある。私はタスマニア（オーストラリア）産のユーカリの蜂蜜をこよなく愛する者だが、これもけして長い伝統をもち合わせていないことになる。

このセイヨウミツバチには二十四種の亜種がおり、そのうち養蜂種として世界で広く飼われているのは、クロバチ、イタリアン、カーニオラン、そしてコーカシアンの四種だ。日本で飼われているセイヨウミツバチのほとんどは体色が黄色のイタリアン雑種とされ、最近になって黒色のカーニオラン種も輸入されはじめている。ちなみに、日本にはじめてセイヨウミツバチがもたらされたのは、明治十年（一説に八年とも）のことという。蜂蜜生産に資するために、産業養蜂種としてアメリカ経由で導入したものだ。

一方、アジアではこの三十年、蜜蜂の新種発見が相次いだ。従来、アジア地域ではトウヨウミツバチ、オオミツバチ、コミツバチの三種が知られていた。それが、一九八〇年にはオオミツバチからヒマラヤオオミツバチが、八七年にはコミツバチからクロコミツバチが、続いて九〇年にはボルネオ島のトウヨウミツバチからサバミツバチがそれぞれ独立種として認められた。さらに、九六年にはインドネシアのスラウェシ島で発見されたキナバルヤマミツバチが新種として加わった。つまり、アジアの蜜蜂は従来の三種に五種が新たに加わり、最終的に八種となったのである。

それでは、日本在来種とされるニホンミツバチはどの系統に分類されるのだろうか。答えはトウヨウミツバチの一亜種で、正式には「日本亜種」（アピス・セラーナ・ジャポニカ）の学名が与えられている。分布は北海道を除く全地域に生息し、地方により〝和バチ〟〝地バチ〟〝山バチ〟などの名前で呼ばれている。日向あたりでは〝ホンバチ〟がふつうで、片や静岡の井川ではそのまま〝ミツバチ〟、天竜地方では〝地ミツバチ〟が一般的。

このニホンミツバチ、正式（学問上）に発見されたのはようやく明治二十年（一八八七）のことで、ロシア人のラドスコウスキーによってだった。さらにその百年後、一九八六年にはドイツ人のルットナーが形態学的な考察から、ニホンミツバチの中に本州型と対馬型があることを明らかにした。古くから知られた在来のハチとはいえ、それの研究がはじまったのはつい〝昨日〟のことなのである。ルットナーが見分けた対馬型は、本州・四国・九州産のニホンミツバチよりもむしろ、韓国のトウヨウミツバチに近いらしい。対馬で何度かミツバチの実物を見る機会はあったが、悲しいかな、素人にはその形態学的差違までは区別できなかった。

ニホンミツバチの仲間として、トウヨウミツバチにはほかに、中国で採取された基亜種の中国亜種、南インドからフィリピンにかけての広い範囲に生息するインド亜種、それにヒマラヤから中国雲南にかけて分布するヒマラヤ亜種の三亜種が存在する。これらの中でもニホンミツバチの分布域は極単に狭く、著しい特徴を示している。

ところで、ニホンミツバチが北海道に生息しないのは、低温耐性が弱いからだ。これはニホンミツバチだけに限らず蜜蜂全般について言えることで、世界に九種生息する蜜蜂の自然分布図を眺めると、極地はもとより寒冷地にはいっさい分布していないことが、ひと目で分かる。一般に、耐寒性ではニホンミツバチのほうがセイヨウミツバチに優ると言われている。

随所に工夫が施された片桐式巣箱

話を二俣にもどそう。片桐が蜜蜂の飼育に用いる巣箱は角型で、しかも養蜂が盛んな他地域で目にする同型のものより、かなり大き目に造作されている。一・五倍ぐらいはあろうか。

「昔から〝四角〟ですね。板はけして薄くはないですが、それでも丸洞に比べたら断然軽い。第一、貯蜜の量が丸洞よりはるかに多い。目一杯蜜蜂が貯めたときは、ひと箱で十升くらい採蜜できますよ」

宮崎の県北ではせいぜい五升ていど採れればいいほうだから、片桐の巣箱がいかに機能的に作られているかが知れよう。箱を大きくしたのは、周辺に豊富な蜜源（花の咲く植物）があり、蜂蜜が充分たまる予測が立ったからだ。巣箱の中のスペースが広いことは、おのずと夏の暑さ対策にもなると考えた。「標高の高い山間地では、このふたつの理由から、巣箱は小さ目でいいんです」と、片桐は言ってはばからない。また、外周の板にあるていど厚みをもたせているのは、外気の影響をもろに受けないための工夫というわけだ。

構造面でその機能性がもっともよく表れているのが、蜂の出入口のある表板と底板の部分だ。表板は自由に上下に動かせるよう造作されていて、蜂が出入りするスペース（隙間）は小さな木の楔《くさび》を底板との間に挟むことで、微妙に広さを調整できるようになっている。

　暑い季節には、この楔を深く差し込むことにより出入口の隙間を広くし、巣箱の中の通気性をアップさせることができる。春の分蜂後、巣板は夏にかけて一気に成長し、それとともに巣箱の中は成虫になった働き蜂で溢れんばかりとなる。おのずと巣箱内の温度もあがるため、通風を考えた巣箱作りが重要になってくるのである。

　九月に入ると、蜜蜂にとって最強の天敵であるオオスズメバチが出没してくる。そのとき、片桐のこの巣箱なら楔の挿入を少し浅くすることで、蜜蜂の出巣口をギリギリまで狭められるため、おのずと天敵の巣内への侵入を防ぐことができる。小さな蜜蜂だけはすり抜けられても、体の大きなスズメバチのほうは通れない微妙な空間（隙間）を作り出すわけだ。出巣口の広さを楔により自由に変えるという発想は、じつは

(右)店の玄関先に置かれた大型の巣箱
(左)補充した新しい巣箱の使い勝手をチェックする片桐

ニホンミツバチ用の巣箱の歴史において、革命的な発明であったのである。

片桐式巣箱のもうひとつのポイントは、底板に角度をもたせていることだろう。つまり、巣箱の奥のほうを少し高くして、蜂の出巣口にかけて斜めに底板が打ちつけられている。これまで全国各地でニホンミツバチ用の巣箱を見てきたが、この底板に角度をもたせる工夫は、今回はじめて目にするものだった。

「ニホンミツバチは清潔好きで知られています。だから、巣箱の底に巣クズがたまると、働き蜂たちがせっせとそれを外に掻き出そうとする。その手助けにと思いついたアイディアなんです」

最初から底板に角度をつけておけば、蜂たちが掻き出す前にしぜんに外に転げ落ちる巣クズもあるだろう。いざ掻き出す際にも、底板が斜

底板につけられた傾斜と、出巣口の広さを調整できる楔に特徴のある片桐式巣箱

スムシにおかされた巣板。これでは住人（蜜蜂）は逃去するしかない

めであれば羽根の煽りを利用して、巣クズを容易に巣箱の外へ飛ばすこともできる。巣クズはそのままにしておくと、スムシやダニが巣くう温床になるため、蜜蜂の飼い主である人間としても、できるだけこまめにこれを取り除いてやる必要がある。

　このスムシとはいったい何者か。それはウスグロツヅリガとハチノスツヅリガの二種の幼虫のことで、前者はふだん巣クズ内に生息し、人間が定期的な除去を怠ると大発生する。さらに厄介なのがハチノスツヅリガのほうで、これは巣クズからやがては巣板にも入りこみ、巣板を食い荒らして壊滅的な被害をもたらすことがある。底板につけたわずかな角度が、巣箱の住人（蜜蜂）にとっては大きな恩恵となっているのである。

　巣箱作りに使う板の材質も、養蜂家個人の考え方や地域性が色濃く反映していて、じつに興味深い。片桐の場合、一般的なスギ板を使っている。

「何年もさらして乾燥させたものを使います。箱に組むとき気をつけているのは、内側の面は引き落としたままで、わざとささくれが残るようにします。カンナ掛けをしないということです」

こう処理することで、内壁の表面にできるガサガサが、蜂が動き回る際の足掛かりとなり、巣板の形成を早めるのに役立っていると言うのだ。このあたりの情況把握の細かさは、やはり天才的な観察者である片桐ならではのものを感じさせる。

巣箱の材料に関し、日向・椎葉村の伝説的養蜂家である那須久喜は、こんな風に語っていた。

（拙著『輝けるミクロの「野生」』参照）

「タブやヒメシャラは蜂の好みに合うけど、ヒノキはダメ。カヤも嫌われることはなかった。キハダのウトにはすぐ巣をかけたものの、一年ですごすごと引き払ってしまった。巣に残っていた蜜を舐めると苦かったね」

こうした経験から、那須は針葉樹で巣箱を作ることは滅多になく、新調するなら広葉樹の丸太（巣箱は丸洞）と決めている。針葉樹はまた年輪の軟らかい（つまり広い）ところにスムシがつきやすく、結果として長持ちしないとも言っていた。そういえば、何度かたずねたことのある対馬では、ハチドウ（現地の呼び名）の材料はケヤキ、タブ、スギ、マツと多彩であった。ケヤキとタブは材質が堅固で、当地の蜂飼いたちの見立てでは、スギやマツで作るものに比べて長くもつということだった。

興味深かったのは、ハゼで作る巣箱は特に蜂が入りやすいとされていたことだ。人間の感覚からすると、かぶれはしまいかと心配になるところだが、アシナガバチが巣を軒先に固定する際にウルシを使っている（ご存知かな？）ぐらいだから、彼ら（蜜蜂）もハゼに対して何ら忌諱《きい》する必要を感じていないのだろう。ハゼのドウでとった蜂蜜は鮮やかな黄色を呈していることから、対馬ではとりわけ珍重される。しかし、ハゼはハチドウを作るに充分な太さの幹が手に入りにくく、近年は対馬でもハゼ製のドウは滅多に見かけなくなってしまった。

那須と並ぶ日向の蜂飼い名人、寺原寿《ひさし》の言い分は那須のそれとはだいぶ隔っている。お互い和蜂養蜂を極めたエキスパートにして、ここまで巣箱の材質に対する考え方が違うのだ。寺原は針葉樹、広葉樹にまったくこだわらない。むしろ、スギやヒノキの針葉樹を積極的に使っているフシさえある。

「スギは軽い上に加工もしやすい。それに、いつでもどこでも手に入る。私の経験からすれば、針葉樹だから蜂が巣をかけるのをためらうといった場面には、出くわしたことはないですね。山に仕掛ける前に充分な乾燥期間をもうけていますし、針葉樹だから不利と言われても、現実に蜂が営巣しているわけだから……」

と、寺原の見解もじつに明快だ。想像するに、針葉樹・広葉樹に関わりなく、オイル分や特殊な成分（たとえばヒノキオイルやキハダの黄檗《おうばく》）をふくんだ巣箱にはあまり寄りつきたがらない、とは言えるかもしれない。乾燥期間をもうけることで、蜂が不快と感じる木の成分は確実に減少、もしくは消滅するに違いない。この点、板にした状態で長い乾燥期間をおく片桐方式は、箱型と丸洞という差はあれ、限りなく寺原の考え方に近い気がする。

蜜源の多寡が左右する蜂群の数

新しい巣箱の製作と並んで、春先の休猟（漁）期間中にやっておくべき大事な仕事がある。屋外に設置してある巣箱の掃除である。

蜜蜂は冬の間、秋までにみずから蓄えた蜂蜜を餌にして、ジッと巣箱の中で過ごす。このとき出る巣クズが大量に巣箱の底にたまり、これを放っておくと、例のスムシの発生を招くことになる。ふつう、ニホンミツバチの巣箱は山に据え置かれるため、設置する数がふえると、この春先の見回り（掃除）はとんでもなく大変な作業となる。那須や寺原のように、広範な地域にわたって何十ものウトを仕掛けている場合、その労苦は並大抵ではない。

同じニホンミツバチを対象とする養蜂であるにもかかわらず、片桐のそれが那須や寺原のケースと決定的に異なるのは、巣箱が山ではなく人家が集まる町中に設置されていることだ。しかも、ひとつひとつバラバラに置かれることなく、店（竹染）の周囲に固めて据えられている。細い道路を挟んだ店の向かい側は、鳥羽山公園の小丘が迫っていて、その麓に横一線の形で片桐の作業小屋兼物置が立ち並んでいる。その納屋群の屋根にズラリ巣箱が置かれている光景を目にしたときには、正直、私は腰を抜かした。はじめて見るニホンミツバチの飼育風景だったからだ。

巣箱は単に屋根の上に据えられているだけでなく、屋根の先端の位置にせり出すような格好で置かれている。下から眺めると、じつに危なっかしいポジションをとらされている。

「箱の下が透けてて、オーバーハングした場所……。ハチたちはこんな宙吊りのような条件を好むんです。ここ（二俣の町中）ではベストのやり方だと思っています」

片桐はこう確信犯然と胸を張った。屋根に置くことで、スムシをはじめとするさまざまな寄生虫、ダニなどが巣箱に侵入できる機会が格段に減るという。数年前に一度、ダニにひと箱やられて以来、最近はまったくこの手の被害にあっていないとか。通気の面から考えても、風がよどみにくい屋根の上は、蜂にとっては願ってもないパラダイスであるのかもしれない。加えて、これら納屋は公園北側の山裾にあるため、巣箱は直射日光からうまく遮ぎられ、巣箱の中の温度が高温になるのを免れている。

巣箱を身近に、しかも理想的な場所（屋根上）に置くことで、片桐は分蜂前の面倒な作業、つまり巣箱の見回りと掃除からほぼ完全に解放されている。場所的条件に巣箱の構造的メリット（角度をつけた底板）が加わり、片桐の巣箱にはほとんど巣クズがたまらないからだ。この事実を知ったら、毎年、春先に多大の労力をかけてひとつひとつ巣箱の見回りを欠かさない那須や寺

原は、いったいどんな顔をするだろうか。

「群れに勢いがあるか、ないかに気をつけています。勢いがない箱だけは、念のためチェックをかけ、必要に応じて掃除をすることにしています。そんなケースは滅多にないですが……」

こうして、作業小屋の屋根の巣箱には、常時二十群《ぐん》ていどのニホンミツバチが棲みついている。群れが極端に減ることもない代わりに、急激にふえることもないらしい。

「蜜源の供給量が決まっているので、蜂群の数が大きく変動することはないわけです。〝飽和定数〟というのがあるんですね。ふえすぎたら餌（蜜源）が足りなくなり、しぜんに消滅するしかありません。自然淘汰ということです。

我が物顔にこの星にはびこった人間と違い、野生動物はいまだに厳しい自然の掟のもとに置か

作業小屋の屋根に並ぶ新旧の巣箱。中空にせり出すように据えられた設置法がミソだ

れているんです」
片桐の巣箱を住処とする蜂群にとって、第一の蜜源は、四月中旬から五月上旬あたりにかけて開花するシイの花である。この季節、静岡の沿岸部から標高五百メートルぐらいまでの山間部にかけては、シイの黄色い花の絨毯に彩られる。静岡県の県木は何だか知らないが、この春のシイの爆発的な開花を目にすると、間違いなくそれはシイだろうと断言したい気持になる。日本の国土が完膚なきまでに針葉樹で埋め尽くされた今、よくぞ生き残ってくれたと、シイに熱いエールを送りたくもなる。

満開のシイの花に彩られた二俣盆地。蜂たちにとっては第一級の蜜源だ

シイの花の満開のときに、鳥羽山公園の中腹に立って驚いた。公園北側の盆地に二俣の町が沈み、その周囲の丘陵に浮雲よろしくシイの花がモクモクとたゆたっている。花がないときにはまったく目立たないシイの木だが、いざ満開を迎えてみると、意外に優勢であることがひと目で分かった。片桐の巣箱を住処とする蜂たちは、これらシイの花に蜜源の八割を頼り、残りはこのあと咲くカシの花などから採蜜する。

ニホンミツバチの飛翔距離はだいたい半径二キロていどというから、公園から見渡すことのできる範囲のシイの木までは、当然彼ら（彼女ら?）は訪花しているはずだ。一見、充分な蜜源があるように見えても、片桐のところの蜂群は結果として二十群を大きく上回ることはない。それが自然の摂理というものであり、自然はまた人間が考えるほどオール・マイティでもないのである。二俣の町を包むシイの樹林にさらなる人間の手が入れられたとき、ニホンミツバチの蜂群は立ち所に消滅することだろう。もしかすると、この二十群の蜂たちは人間の営為を監視するバロメーターの役を担っているのかもしれない。

巣箱の外でホヴァリングをはじめた分蜂
群。こうして女王蜂のお出ましを待つ

二章 分蜂と放水シーンの関係は？

微妙な水をまくタイミング

三月の中旬、温暖な静岡では早くも蜂たちの動きが活発となる。冬の間停止していた女王蜂の産卵が再開され、働き蜂たちは喜々として春の花目指して飛んでゆく。四月に入るころには雄蜂の姿も目にとまるようになる。

女王蜂は前年の繁殖期（四〜六月）に、十匹前後の雄蜂と多回交尾し、そのとき貯えておいた精子を小出しして、自分の産む卵に受精させるのだ。受精すると働き蜂になり、受精しないと雄蜂になる。つまり、無精卵が雄蜂になるのである。

雄蜂は女王蜂の繁殖期に先立って生まれてくるもので、刺し針はなく、大きい目をもち、交尾のためだけに生まれてきた宿命を背負っている。しかも、数百匹単位で産み落とされても、じっさいに女王蜂と交尾できるのは十匹ていどでしかない。オスの悲哀は、何も人間界だけに限ったことではないのである。

ところで、蜜蜂はもっとも進化した社会性昆虫と言われる。常に蜂群が生活の単位となっており、単独（一匹）では生きられない。ひとつの蜂群は一匹の女王蜂と数千から数万の働き蜂、それに繁殖期にあらわれる二千〜三千の雄蜂で構成される。女王蜂も働き蜂と同じ受精卵から生まれ

るメスである。彼女は産卵が唯一の務めであり、最盛期にはじつに一日に二千個以上の卵を産む。

雄蜂の生産（産卵）に引き続いて、いよいよ新女王蜂の産卵がはじまる。まず、巣板の下部に働き蜂により〝王椀〟（女王蜂の育児に使われる巣房）が作られることで、すべてはスタートする。そこに旧女王蜂が卵を産みつけるわけだが、その卵は前述したように働き蜂になるのと同じ受精卵で、けして特別な卵ではない。偶然王椀に産みつけられたことで、この卵は女王蜂になる運命を背負ってしまうのである。まさに蜂界のシンデレラ・ストーリーと言うべきか。

王椀はやがて人目でも分かる大きさに建て増しされ、王台に変化する。王台はふつう一〜三個、多いときには五〜六個も作られる。女王蜂の卵から羽化までの生育日数は十五日で、働き蜂の十九日、雄蜂の二十一日よりも数日ずつ早

店先に置かれた巣箱でも、分蜂をひかえ、急に蜂の動きが慌ただしくなってきた

い。そして、新女王が羽化する二〜三日前、蜜蜂最大の儀式、〝分蜂〟（巣分かれ）がはじまる。この年（平成二十年）、片桐の巣箱では四月十三日に最初の分蜂がおこった。例年、彼の蜂群においては四月中旬から一カ月半くらいが分蜂シーズンに当たる。分蜂が最盛期に入った四月下旬、二俣の竹染を訪ねてみた。

午前十時に店に着くと、二十群のうち四つほどの巣箱が、いつ分蜂がおきてもおかしくない状況を呈していた。蜂が巣箱の周囲を忙しく飛び交い、巣門の周囲には多数の蜂がへばりついて、やがてはじまるであろう分蜂を今か、今かと待ち構えているようだった。

店のカウンターで話を聞いている間にも、一群が分蜂を開始し、慌てた片桐は表に飛び出し、水道の蛇口からのびるホースを空に向けた。巣箱から中空に舞い出た夥しい数の蜜蜂が、陽差しを遮らんばかりに頭上で旋回している。水しぶきを羽根に受けると、蜂は飛翔をやめるため、片桐は噴霧器で水を散布して蜂の動きをとめようとしたのである。

しかし、水をまくタイミングが少し遅れたため、分蜂群は飛行を思いとどまることなく、公園の上方へと飛び去ってしまった。片桐が分蜂群の行方を気にしつつ、体験にもとづく興味深い話を聞かせてくれる。

「分蜂の初期には、群れはあまり遠くまで飛んでいかない。あとになるにしたがって、分蜂群の飛翔距離はのびる傾向にあります。それは、早いころの女王蜂は体が大きく、分蜂を重ねるにつれて、女王蜂のサイズが小さくなってゆく。体が小さくて身軽だから、遠くへ飛べるんです。

分蜂群に向け噴霧器で水を散布する
片桐。まくタイミングがずれると、
みすみす群れを逃してしまう

最初のころの女王蜂は、育つ王台からしてデカいですから……」

少し説明を加えよう。分蜂はそれぞれの群れごと、箱ごとにおこるが、その年の最初の分蜂（第一分蜂と呼ぶ）では、かならず娘である新女王が母巣に残り、母親である旧女王が巣を出てゆく。その際、母女王蜂は群れの半数ほどの働き蜂を伴って巣分かれする。この分蜂群は、引き連れる働き蜂の数が続く第二、第三の分蜂よりも多く、女王蜂も新巣ですぐに産卵を開始できるため、早いうちに強群となるという特徴がある。蜂群の拡大を考える養蜂家がこの第一分蜂群の捕獲に血眼になるのは、こうした理由があるからだ。

コロニーに余力があるとき、二回目、三回目と分蜂が続く。天候にもよるが、第二分蜂は第一分蜂の三〜六日後ぐらいにおきるのがふつうだ。母巣をあとにする蜂の数はだいたい第一分蜂の五〜六割ていどで、長女である新女王が未交尾のまま、第一分蜂同様に巣分かれしてゆく。続く第三分蜂は、第二分蜂からおよそ四〜六日後に、第二王女がやはり未交尾で巣をあとにする。この王女につき従う働き蜂の数は第二分蜂のそれと同ていどで、さほど蜂の数が減らないのは、この時期、母巣では若い働き蜂が次々と羽化しているからである。

つまり、まだ蜂群がかなりの大きさを維持していれば、このあとさらに分蜂が続くこともあり得るが、ふつう元巣の蜂数が目立って減ってくるので、三番目の王女が元巣の後継者となり、残った王台は働き蜂の手により壊されるというのが一般的だ。

片桐の話に出てきた〝早いころの女王〟とは、旧女王や第二分蜂で出てゆく新女王を指すのであり、体が小さくなるのは第三分蜂あたりからあとの女王のことを言っているのである。分蜂はあくまで働き蜂にリードされて行われるものだが、片桐の説に従えば、どこに新しい巣を求めるかは、分蜂する女王蜂の飛翔能力にかなり左右されることになる。新しい営巣場所の探索は分蜂する以前からはじまっていて、出巣したのちは分蜂群が〝蜂球〟を作って手近な木の幹などに集合している間に、探索蜂（もちろん働き蜂）により最終的に転居先が決定される。その際、早ければその日のうちに分蜂群が新居に入ることもあるらしい。納得のいく新宅が見つからない場合には、蜂球を崩さないままで夜を過ごすこともあるという。

片桐の言うとおり、この新居探しのプロセスには、同行する女王蜂の飛翔能力まで考慮されているのだろうか。これまで、何人かの和蜂養蜂のプロに接してきたが、分蜂群の移動距離と女王蜂の〝身体能力〟との相関について言及した養蜂家はひとりもいなかった。観察力のレベルが違うといえばそれまでだが、この男（片桐）の口から発せられるひと言、ひと言はじつに奥が深く、かつ鋭い。まるで、生き物の生態の神秘を白日のもとにさらすような迫力がある。

働き蜂が統率する分蜂群の行動

片桐の話では、二十箱の巣箱がそれぞれ三回ずつ分蜂するとして、ひとシーズンに計六十群ぐらいは巣分かれしていくという。少ない年でも最低三十群ぐらいは分蜂している、と。その数は、

「冬越しがうまくいったかどうかでだいたい決まります」ということらしい。越冬中に巣箱の中の蜂群が死に絶えたり、また群れの勢いが衰えたりすれば、おのずと春の分蜂数が減るというわけだ。

「不思議なもので、隣の箱で分蜂がはじまると、それに誘われるように、連鎖的に分蜂がおこることがある。そして、分蜂がおこりやすいのは、なぜか雨の翌日ですね。こんな日には、同じ箱から一日に三度も分蜂群が飛び立つこともあります」

つまり、一日に三回も分蜂するということは、その箱はたった一日でその年の儀式（分蜂）をすべて済ませてしまうことを意味する。蜜蜂が分蜂を決行する上で、雨の翌日の諸条件は彼女たちにとって、よほど快適で好都合とみえる。この諸条件については、さすがに片桐も、また蜜蜂の研究者たちも具体的に言及していない。雨の日は羽根が濡れるので、蜂はけして巣箱の外に出ることはなく、ジッと中で待機の状態を続ける。そのため、それなりのストレスを感じるであろうし、そこに飛翔OKのサインが出れば、つい勢いで分蜂に走るという蜂の気持も理解できないではない。

分蜂の条件はともかく、彼女たちは一日のうちでどんな時間帯を選んで分蜂行動をおこすのだろうか。学者たちはふつう、「晴れた日の昼前後に行われることが多いが、時間はかならずしも一定しない」と説明する。希代の観察者、片桐の解説は当然のことながら、もっと緻密で、深い。

「午後一、つまり一時前後が分蜂のピークです。ただし、雨の翌日には、朝から分蜂行動に出ます。どんな日でも、三時を過ぎて分蜂することは、まずありえません。分蜂群の出巣を見ていて面白いのは、熟練の古蜂は何のためらいもなくサッと飛び立ってゆくのに、羽化から日の浅い新蜂はどこか躊躇してる風で……」

筆者もこれまで、何度も分蜂の場面に立ち合ってきたが、そのとき古蜂と新蜂がこうした行動の違いを見せるとは、まったく気づきもしなかった。

古蜂と新蜂の外見的な差は、黒と黄色からなる胴体の縞模様が、新蜂では鮮やかに浮き立って見えるが、古蜂になるとその縞が判然としなくなり、全体に白っぽくぼやけてくる。ちなみに、ニホンミツバチにおける女王蜂、働き蜂、雄蜂それぞれの寿命は、順に二〜三年、夏一カ月（冬は約六カ月）、約一カ月となっている。女王蜂の圧倒的な生命力に、脱帽である。

さらに、働き蜂の一カ月の寿命の中身は、その前半は巣の掃除、幼虫・成虫への給餌、蜜や花粉の貯蔵作業などの内勤（巣箱内での労働）であり、後半になって蜜・花粉集めなどの外勤を担うことになる。このほか、すべての働き蜂に課せられるわけではないが、内勤の途中で造巣作業と門番を受けもたされることもある。短い一生であるにもかかわらず、彼女たちは何と内容の濃い刻一刻を生きていることか。蜜蜂がもっとも進化した社会性昆虫であると呼ばれる理由である。

そうこうするうちに、先ほどとは別の箱で分蜂がはじまった。こんどは気づくのが早かったために、まだ分蜂群が巣箱から出切っていないようだ。片桐は分蜂のはじまった巣箱から視線を離さず、なぜかホースによる噴霧を思いとどまっている。

「タイミングをはかっているんです。噴霧が早すぎると、せっかく分蜂をはじめた群れがもとの箱にもどっちゃう。雨でも同じで、分蜂の途中で降り出したりすると、蜂たちはそそくさと巣箱にUターンしてしまう」

何とも微妙な間の取り方ではないか。しばらく待って、片桐がこのときとばかり、放水を開始する。出巣した数千匹の蜂が、文字どおりクモの子を散らしたように巣箱の上の空中で浮遊している。こうして、ホヴァリングをしつつ女王蜂のお出ましを待つのである。片桐の説明では、だいたい分蜂群の七〜八割が出巣したころに、おもむろに女王蜂が出てくるものらしい。もちろん、分蜂群のすべての行動は女王蜂ではなく、働き蜂により統括されている。つまり、指令系統を握っているのは働き蜂なのである。

二十分ほど放水を続けても、蜂の飛翔は一向

キンリョウヘンにとりついた分蜂群の一団。花香成分におびき寄せられた結果だ

におさまる気配がない。ただし、群れの一部が、店先のマキ（槙）の幹に吊したキンリョウヘンの鉢に取りついている。キンリョウヘンは中国原産の東洋ランの一種で、最近、これの花香成分に、ニホンミツバチの集合フェロモンであるナサノフ腺の成分と共通のものが多くふくまれることが分かってきた。そのため、キンリョウヘンのこの特徴を利用して、分蜂群の捕獲にこれを利用する養蜂家がふえている。花に群がる分蜂群を直接すくい取るか、鉢の横に空箱を置いておき、分蜂群が入り込むのを待つわけだ。片桐も数年前からキンリョウヘンを実験的に使っているが、あくまで補助的な利用にとどめているらしい。

とり込んだ蜂を落ちつかせる工夫

キンリョウヘンに取りついた蜂の一団はせいぜい二、三百匹で、分蜂群の本隊が下りてくる気配はない。やがて、出巣を終えたとみえる分蜂群は、放水の甲斐もなく、徐々にそのホヴァリングの高さを上げはじめた。前の分蜂群同様、近くに蜂球を作ることなく遠くへ飛び去るものと諦めた矢先、公園の急斜面に生える雑木の太い枝に、たちまち黒々とした蜂球ができはじめた。それが最大サイズにまとまるのを待って、片桐は蜂群の捕獲にかかった。

蜂球までは地面から十五メートルほどの距離がある。片桐は息子の尚矢に指示して、フォークリフトをなるべく蜂球に近い位置に移動させた。その上で、フォークの部分に自身と空箱をのせ、

（右）フォークリフト上から捕虫網をのばす片桐
（左）雑木の太い枝下にできた蜂球

目一杯の高さまでそれを持ち上げさせる。そこからさらに、伸縮自在の柄のついた捕虫網をのばすと、ギリギリ蜂球にネットが届いた。

「私は仮箱は用意しません。直接、本箱に分蜂群を取り込んでしまいます。手の届くところならお椀を使って一気におさめ、網で取った場合でも、網からそのまま本箱に移します。分蜂時は蜂もおとなしいですし、なるべく早く作業を済ますほうが蜂にとってもストレスがかからないんです」

ここでいう仮箱とは、分蜂群を最終的に取りこむ本箱ではなく、持ち運びの楽な小型・薄型の巣箱を指す。扱いやすい仮箱にいったん分蜂群を収容しておいて、改めて群れを本箱に移すのが一般的なやり方なのである。しかし、片桐も若いころには小さな仮箱を腰につけ、分蜂群が蜂球を作った場所まで木をよじ登り、その仮

箱に群れを確保することもやったという。地方によっては、分蜂群を誘導器（ツリカワなどの呼び方がある）に誘い入れ、これに集結した群れを本箱に取りこむという手法をとっているところもある。誘導器は、笠状もしくは釣鐘状に造作した板にサクラやスギの樹皮を貼りつけてある。出巣した分蜂群がこうしたものに蜂球を作りやすい習性を利用したもので、百パーセントの確率ではないにせよ、有効な手段になり得ていて興味深い。私は対馬と紀伊半島で伝統的な誘導器に出遭っている。

首尾よく分蜂群を本箱に取りこむことに成功した片桐は、フォークリフトをそのまま作業小屋の脇に寄せ、何事もなかったかのように巣箱を定位置である屋根の上に据え置いた。じつは、分蜂群を収容する本箱に、片桐は前もって小さな〝細工〟を施してある。本人の口から説明し

捕獲した分蜂群の入った本箱を屋根に据える片桐。巣箱内には前もって日本酒が吹きつけてある

てもらおう。

「箱の内側に霧吹きで日本酒を吹きつけておくんです。こうすると、新しい箱に取りこんだ蜜蜂が早く落ちついてくれる。蜂たちは発酵を認識できるようです。発酵が彼女たちに何らかの安心感を与えているに違いありません」

セイヨウミツバチの商業養蜂ならともかく、一般に趣味養蜂の範疇で語られるニホンミツバチの飼育において、これだけ科学的にその生態を観察できる養蜂家は滅多にいないはずだ。巣箱に霧吹きで日本酒を吹きつけることなんぞ、いったい誰が発想するだろうか。その効能のほどは別にして、よく知られたニホンミツバチの特性のひとつに逃去性がある。巣箱に居着いているはずのニホンミツバチが、ある日理由もなく突然にいなくなる……。ニホンミツバチの飼育ではこうしたことがしばしばおきている。

逃去の原因は分からないことが多いが、一方で逃去の遠因になり得る要素もいくつか分かっている。それは、スムシの繁殖であり、貯蜜の減少であり、また巣箱の材質が気に入らなかった、といった理由である。貯蜜の減少はたいていの場合、セイヨウミツバチによる盗蜂（蜂蜜を盗む行動）が原因になっている。だから、今片桐が捕獲した分蜂群にしても、今後逃去が発生しないという保証はどこにもない。明日突然姿を消すかもしれないし、三カ月後に何の前触れもなくいなくなることだってあり得るのだ。ニホンミツバチがデリケート、かつ気分屋と言われる所以《ゆえん》である。

目撃例のない空中ランデブー

蜜蜂にとって、分蜂と並ぶ重要な〝儀式〟は交尾である。分蜂でそれぞれの落ち着き先が決まると、続いて交尾シーズンの到来となる。片桐の知見に基づいて、その実態に迫ってみたい。

さて、蜂にも交尾の適齢期というものがあり、それは女王蜂で羽化後六～九日目ぐらい、オスでは同十日目ぐらいという。人間同様、老化につれてだんだん機能は落ちてゆくものらしい。その蜜蜂の交尾は、あろうことか、空中で行われる。人間にはとてもできる業ではないのだが……。

そこ（交尾空間）は〝雄蜂の集合場所〟と呼ばれ、ここに女王蜂が誘導され、スペース・ファンタジアが奏でられるというわけだ。その場所はたいがい大きな木の樹冠上方の中空で、好まれる樹種はシイ、クヌギ、ケヤキなどだという。これらの木は蜜蜂の蜜源として知られるものであり、やはりこうした木の上空であれば、安心して交尾できるということだろうか。

この集合場所を目指して女王蜂が飛び立つのは、たいがい午後の一時ぐらいから五時の間に限られているらしい。雄蜂の出巣もほぼこれに重なる。こうした時刻は、体内時計により遺伝的にあらかじめ決まっているという。蜜蜂のあの小さな体には、想像もつかない膨大かつ細密な情報がインプットされているのだ。集合場所にやってきた女王蜂は、数十分の間に複数の雄蜂と空中交尾し、最後に交尾したオスの生殖器の一部を〝交尾標識〟として体につけて巣箱にもどってくる。ここまで判明しているにもかかわらず、ニホンミツバチの自然交尾を目撃した人間は、いまだこの地球上にいない。

巣にもどった女王蜂は、その二〜三日後に産卵を開始する。巣の中の女王蜂は、働き蜂と比べるとはるかに大きい（体重で約二倍）ため、すぐそれと見分けられる。体色も全体に黒々としていて、腹部にはっきりとした黄色のベルト模様をもつ働き蜂とは、明らかに印象を異にする。同じメス同士だというのに、両者の形態的・生理的距離はとんでもなく遠い。興味深いのは、この両者の体重差は、おもに卵巣の大きさの違いからきている点だ。つまり、女王蜂は巨大（？）な卵巣の持ち主なのである。

その一方で、体各部の絶対値の優位にもかかわらず、脳の大きさは意外にも小作りの働き蜂のそれより小さいらしい。専門的に言えば、情報処理や記憶をつかさどる〝キノコ体〟の大きさの優劣だという。このこと（脳の小ささ）が暗示するのは、一般のイメージに反して、女王がコロニーの意志決定上重要な役割は果たし得ない、ということだ。それはすでに、分蜂のところでも見たように、その重要な儀式の催行においても、女王蜂は何ら特別の役目を負ってはいなかった。

じっさい、女王蜂は巣作りも、蜜集めも、育児もしない。「産卵機械」と揶揄されても致し方ないのかもしれない。だからといって、頭が悪いと決めつけるのは早計だろう。たとえ脳は小さくとも、交尾飛行のためにはるか彼方の大空に舞い、間違いなく自巣に帰ってきたり、暗いコロニーの中で何枚もの巣板をくまなく往復しながら、正確に卵を産んでゆくことができるのだ。彼女は女王蜂として精一杯、みずからに与えられた役割（産卵）をコツコツとひとり（一匹）でこなしているのである。

こうして、女王蜂の産卵は二十〜三十分ぐらいの間隔で、産卵と休憩を交互に繰りかえしつつ、昼夜を分かたず行われる。一卵の産卵に要する時間は十五〜二十秒という素早さだ。休憩時には、働き蜂たちは女王の周りに集まり、触角で直接女王蜂の体に触れたり、口吻《こうふん》でなめたりする光景が見られる。彼女たちが女王からなめ取っているのは、大顎腺から分泌される〝女王物質〟と呼ばれるもので、これにより働き蜂の不妊化が持続されるのだという。

逆に女王蜂は、この休憩時に働き蜂からローヤルゼリーをもらう。これは女王蜂が摂る唯一の食べ物で、その栄養分のほとんどが卵に変換されると考えられている。まさに卵本位の〝生〟を生きているのである。じっさいのところ、女王蜂は産卵以外の役割は何ももたないため、後肢に花粉を圧縮・運搬する装置はなく、また巣作り用のワックスを分泌するロウ腺もそなわっていない。産卵機械の呼び名は、女王蜂にとっては勲章というべきか。

ところで、〝山〟育ちの片桐とニホンミツバチとの出遭いは、意外なことにそれほど早くない。片桐が現在地に割烹店をオープンさせたのが三十歳のときで、当時は玄関先に池がしつらえてあった。今、シシの解体場がある場所だ。

「龍山村（現浜松市天竜区龍山町）育ちでしたから、もちろん蜜箱を住処とするニホンミツバチのことは知っていました。母の実家は下里《くだり》（大字瀬尻）という山の上の集落にあり、そこの家の屋根にはいつも蜜箱がのっていた。でも、そんな記憶があるだけで、採蜜の現場を見たこともなければ、自分で蜂蜜をとろうとしたこともありませんでした」

その片桐が店を構えて間もなく、泉水の縁に植えた庭木の枝に、蜜蜂の蜂球ができているのを目にする。瞬時に、子ども時代に下里の山で見知っていた蜜箱の記憶が蘇ってきた。龍山にいたニホンミツバチと同じ種であろうことも、容易に予測はついた。しかし、それを飼育した経験のない片桐は、分蜂群を目の前にして、どう対処していいか皆目見当がつかなかったという。

「そこで、下里に住んでいた叔父（母の弟＝仙次郎）に連絡をとったんです。すると、とにかく箱に取り込め、と教えてくれたわけです。あれがニホンミツバチとの付き合いのはじまりでしたね」

以来三十年、片桐は持ち前の好奇心と探究心を武器に、独自の養蜂術を身をつけ、そしてそれを生活の糧としてきた。息子の尚矢が蜂蜜のインターネット販売をはじめたり、また別の販路開拓にも成功したことで、今後片桐は蜂群を今以上にふやすことを検討しはじめている。つまり、捕獲する分蜂群の数をもっと多くし、それらを複数の場所に分散させて配置する試みだ。その分、管理の手間はふえるが、商売上のチャンスをみすみす逃す手はない。北遠地方は南信ほどに和蜂養蜂が盛んではないため、資源としての開発はまだされておらず、ビジネスに結びつく可能性は大いに残されているのではないか。

浜松市内在住の知人に養蜂を指導する片桐。たちまち熱が入る

植林とともに端緒を開いた不幸な時代

片桐の出生地の話が出たついでに、ここらで彼の履歴を簡単に紹介しておきたい。昭和二十六年、当時の龍山村の中心、西川《さいがわ》で片桐は生を受ける。父親の正志は理髪店の二代目で、店は祖父の勝平がおこしたものだった。片桐が生まれた昭和二十年代半ばという時代は、日本の戦後復興に目処がたち、川ではダム建設による電源開発が、また山では針葉樹の拡大造林がそれぞれ端緒につこうとしていた。

龍山村は南北に天竜川が貫流し、その両岸に急傾斜の山が迫るまさに峡谷の村で、東側の尾根上には秋葉神社を頂く秋葉山がそびえている。天竜川右岸を走る国道一五二号を一度でも通ったことのある人間なら、龍山がいかに〝山国〟であるか強く印象づけられているはずだ。

今、浜松市天竜区で括られる旧龍山村を包含する一帯は、かつて天竜林業、天竜美林の名で全国的に知られた林産地。幕末に社会事業家として名高い金原明善《きんぱらめいぜん》（一八三二〜一九二三）が登場したことで、早くも明治半ばごろには北遠のスギ・ヒノキの植林が一気に進んだ。

明善は天保三年（一八三二）、天竜川下流の安間《あんま》村（現浜松市東区）の生まれ。幼少のころからたびたび天竜川の水害を経験していたため、長じて庄屋職につくと、〝治水済民〟を志して天竜川沿岸の各所で築堤・護岸工事に取り組んだ。しかし、いくら堤防を固めても、天竜川の洪水は容易に治まらなかった。そんなとき、大蔵省土木寮の御雇技師Ｌ・Ｈ・リンドウ（Lindow）から、治水のためには水源の涵養が重要であることを説かれる。

そこで明善は、明治十七、八年ごろから天竜川中流域への植林を志すようになる。これが大誤算のはじまりだとは、山に親しんだことのない明善に感知されるはずもなかった。

明善が最初に植林の候補地として選んだのは、水窪地内の山林だった。しかし、当時の奥領家村戸長に入会権の複雑さを理由に断わられたため、改めて候補地に選んだのが、よりによって瀬尻地内の山林だった。具体的には瀬尻村（現天竜区龍山町瀬尻）字河内奥外二字の二等官林で、その面積はおよそ六百町歩に及び、ここに十五年計画でスギ苗二百四十万本、ヒノキ苗三十万本の計二百七十万本を植えようというものだった。

明治十八年、明善が『瀬尻官有林植林委託願』を農商務省へ提出すると、地租改正後の官有林の整理に追われていた政府は、「奇特である」としてすぐ受理する。翌十九年、明善が植林に着手するために現地に乗り込んでみると、そこはまだ天然林（雑木）が見渡す限り広がる異域（明善にとって）だった。すると明善はあろうことか、豊かな雑木の森を焼き払って根や岩石まで取り除き、整地するという挙に出たのである。現代の感覚からすれば血迷ったとしか思えない行動だが、当時はこれが社会貢献としてまかり通ってしまうのだから、恐ろしいものだ。

明善は鶴見村（現浜松市）出身の辻五平という名支配人を得て、植林事業を着々と進めた。その一方で、毎年五千円内外の資金が入用となり、最終的に五万四千円余りがこの事業に投下された。

明善の主な資金源は、明治七年に彼が設立した治河《ちが》協力社の解散後、明善に還付された同社の財産や東里《とうり》為替店等の利益であったという。しかし、それだけでは足りず、彼は山林内で採集したシイタケを売ったり、ミツマタ（和紙の原料）を栽培したり、また薪炭を販売して資金を調達したらしい。努力の甲斐あって、植林は予定よりも二年も早く仕上がり、明治三十一年八月には全山の作業が完了する。

宮内省では明善の功に報いるため、同三十三年になって金盃一組と金五万円を下賜している。瀬尻官林は御料林を経て国有林へと編入される歴史を歩むのだが、この明善の植林事業が範となり、その後造林は地元龍山村はもとより漸次、水窪川・気田川・阿多古川流域に及び、のちの天竜林業地の形成へと向かってゆくのである。

今、その結果として我々の目の前にあるのは、ほとんど手入れもされずに放置された、暗くすさみきった針葉樹の山、というわけだ。物事を客観的に見ることのできる人間であれば、その光景が〝死体《しにたい》〟にほかならないことを、瞬時に理解するだろう。明善の努力は認めるとしても、その仕方・方向は大きく誤っていたと言わねばならない。

山村に忍び寄る電源開発の槌音

さて、タイミングの悪いことに、戦後、拡大造林の進行に歩調を合わせるように、河川の電源開発が本格化していった。そうした〝開発〟の中心舞台となったのが、ほかでもない片桐のふる里、龍山だった。急峻な山岳と天竜川の渓谷以外に取り柄のなかった龍山にとって、時流にのって村の存続をはかるしか、講ずべき手立ては見当たらなかった。山の急斜面で細々と栽培されていたお茶やシイタケ、また昭和四十四年に最終的に閉山となる下平山の峰之沢鉱山ぐらいでは、とても村存立の担保にはなり得なかった。

「子ども時分にはまだ、生家の庭先から足元のずっと下に、天竜川の美しい流れが一望できました。夜は、対岸の（峰之沢）鉱山の明かりが煌々とともって、まるで昼のようでした。それが、植林がだんだん進んでくるにつれ、まったく川筋が見えなくなってしまって……。過疎で人家も少なくなり、今では実家はポツンと一軒、暗い森に埋もれるようにして建っています」

片桐の母親、本年九十五歳になるたまの回想だ。この話を聞いた私は、あるとき片桐の先導で下里をたずねてみた。たまが嫁の智江子と住む西川《さいがわ》（ここに秋葉ダムがある）を過ぎ、右手にダム湖を眺めながら北上すると、やがて左側の国道脇に龍山中学の校舎があらわれる。片桐が西川から三年間バス通学した母校だ。校舎の裏手には文字どおり垂直に近い山の斜面が迫り、以前は校舎脇からこの急斜面を縫うように下里への山道が通じていた。獣道と変わらない険しい細道で、たまが用事などで実家に帰るときなど、このルートをとると登り（片道）に四、五十分は優にかかった。それでも、足下に広がる麗しい谷の風光に後押しされ、登攀が辛く感じられることはなかったという。

中学校から三キロばかり遡上すると、川沿いに整然と家並が続く瀬尻の集落に吸い込まれる。家並の外れに架かる車道橋を対岸に渡れば、かつて峰之沢鉱山で賑わった下平山への道がのびている。瀬尻を通り越してほどなく、片桐は西側斜面を急登する山道に車を乗り入れた。十戸ばかりの尾曲の集落を横目に、山の中腹にほぼ水平につけられた車道に出ると、車を南に反転させた。川沿いの国道が整備される前は、この道が二俣と奥山（佐久間・水窪方面）とを結ぶ幹線の役目を果たしていたに違いない。

なるほど、せっかく標高をかせいだにもかかわらず、たまが言っていたとおり、スギの植林のために天竜川の流れはおろか、まったく眼下の眺めが開けない。危なっかしい山道を三キロほど南進したところで、片桐は自信なさげに車を道路脇に停めた。下里をたずねるのは久しぶりでもあり、母の生家へと続く山路の登り口が容易に見つからなかったのだ。

ほどなく探し当てた細道は、目を疑うほどの急坂だった。昼なお暗い植林の中、葛折《つづらおり》をたどって百メートルばかり登ると、幾分傾斜が緩やかになった斜面の先に、母の生家のささやかな屋敷が見えてきた。周囲を林齢の高いスギにすっぽり覆われ、そこだけ樹海にできたエア・ポケットのようで、必死に植林の圧力に耐えている風情である。

片桐が母屋に向かって声をかけると、風呂場のあたりから返事があった。当年とって九十四歳、たまの兄嫁にあたる野田たよで、どうやら明るいうちに風呂を済ませるのが習慣であるらしい。

「久しぶりだねぇ。ゆっくりしていって」という応答があったから、たよは即座に片桐の声を聞き分けたに違いない。高齢にもかかわらず、たよは屋敷の周りの畑でせっせと野菜を作り、仙人のような一人暮らしを続けている。先ほど車で通過した瀬尻には長男の和秀が所帯をもっていて、しばしば食料持参で実家に登ってくる。

「ここで蜜箱を見たのが、蜜蜂との付き合いの原点だったわけです。最盛期には下里にも二十戸も家があって、まだ私の中学時代には十人くらいの生徒が下里から通学していました。現在残っているのはたった四軒で、もう集落の態《てい》はなしていません」

と、片桐が毅然と言い放った。

分蜂の取り込み方を教えてくれた叔父の仙次郎も、とうに下里を去って、浜北（浜松市浜北区）の町中に移り住んでいる。母の里帰りの供をして下里に登ってきたころの片桐の記憶でも、実家の下手は一面の茶畑だった。むろん、お茶の畝越しに下方遙かに天竜の清流を望むことができた。

そういえば、片桐の長姉の佐藤登美子があるとき、こんなことを言っていた。

「夏に泊まりがけで下里に行ったときなど、下流のあちこちであがる花火が見えました。まだスギの植林が進んでいなかったから、どこまでも視界が開けていた。天下をとったような下里からの雄大な眺め、今となってはなつかしい思い出です」

拡大造林の狂乱は日に日に熱を帯び、天竜流域の山々も瞬く間にその姿を変えていった。斜面の緩急もかまわず、山という山は雑木から針葉樹への転換がはかられ、文字どおり余す所なくスギとヒノキに埋め尽くされた。

戦後復興の名目があったにせよ、それは余りにも思慮を欠いた暴挙だった。拡大造林が叫ばれた当初から、地元の古老たちはその非をはやばやと見抜いていた。経験を積んだ彼らには、最初から無謀な企てのあとにやってくるものが見えていたのである。雑木に比べ根が貧弱で、根張りが弱い針葉樹で山を覆ったら、その山はたちまち保水力を失って山崩れに直結し、鉄砲水を引き起こすことは火を見るより明らかだった。

それ以前の問題として、これまでギリギリながら人間と共生してきた野生動物の側からすれば、こうした極単な自然の改変は〝皆殺し〟を宣告されたに等しかった。実のなる木や餌になる小動物を根絶やしにされた彼らの身になれば、その絶望感は限りなく深いものであったに違いない。

物心ついた片桐が最初に出合った山とは、そして自然とは、まさに本質的な過渡期を迎える寸前の時間帯にあった。そのあとの行方を知っている現代を生きる人間の立場からすれば、片桐たちはまだ〝生きた自然〟を体験できただけでも恵まれた世代、と言えるのかもしれない。昭和二十六年生まれといえば、団塊の世代の最後列に属する。戦争を知る世代はそれはそれで鮮烈な時代を生きたことになるが、戦後復興の時代に生を受け、高度成長とそれに続くコンピュータ全盛の時代を駆け抜け、結果として惑星規模の環境問題を抱えてしまったこの世代も、その鮮烈さにおいて、戦争世代にけして引けをとらない。

だが、下里の里に登ってきた六歳の少年は、その前途に何が待ち受けているのか、まだ知る由もなかった。「百パーセントの野生児。自然の中であんなに溌剌と、すばしっこく遊べる子どもはほかにいなかった」（姉たちの証言）と周囲に記憶される片桐であってみれば、ひょっとしたら鋭い感性で時代の先行きを感じとっていたかもしれない。否、間違いなく転回しようとする時代の変化に勘づいていたはずである。

西川の町を押しつぶす格好ではじまった秋葉ダムの工事は、昭和二十九年の秋にはすでに着工されていた。工事が佳境に入った昭和三十一年の秋、西川の中心部にあった片桐家も、県道（現国道一五二号）の付け替え工事により移転を余儀なくされ、集落外れの借家を急きょ仮住まいとした。少年が毎日〝セッショウ〟に通っていた天竜川は立ち入り禁止となり、住み慣れた三階建ての生家は瞬く間に取り壊されてしまった。

「これは戦争だな」と、少年は小さな胸を痛めた。不条理としか思えない形で実家を失った記憶は、未だに心の傷として片桐の胸でうずいている。

Asahi

三章

天竜川が魚体で埋まった日の記憶

頻繁に開かれる片桐家親族の集まり。卓上には片桐みずから捕った獲物が並ぶ

姉たちを驚かせた末弟の〝才覚〟

片桐が理髪店の二代目の父のもと、昭和二十六年に西川で産声をあげたことは前にふれた。じつはこのとき、片桐は八人兄弟の末っ子として生を受けたのであり、その八人の構成は長兄のあとに五人の姉が続き、それを挟むように次兄が生まれ、最後に片桐の誕生を見たのである。西川の店を継いだ長兄（淳介《としゆき》）は惜しくも一昨年（平成二十年）他界したが、あとの兄弟は全員すこぶる壮健で、九十五歳の母親を筆頭に、長命の家系を絵に描いたようなそれぞれの後半生を送っている。

特筆すべきは、これら兄弟が常に仲良く交わり、事あるごとにその家族ともども片桐の店に集まり、楽しい宴会で盛りあがっていることだろう。この宴会には長男尚矢の嫁（有紀《あき》）の家族や、長女（淳子）の嫁ぎ先の家族も招かれ、それはそれは賑やかな集まりとなる。親族以外にも片桐の気のおけない仲間たちがどこからともなくやってきて、違和感なく宴会に加わり、座を盛りあげる。しかし、こうした集いでいつも圧倒的な存在感を見せつけるのは、片桐の五人の姉たちだ。猟（漁）師としてその右に出る者がいない片桐であっても、彼女たちのパワーの前では蛇に睨まれた蛙も同然だ。

「父は大勢の子どもをもっても、男女で差別をつける人ではありませんでした。息子にも娘にも平等に、やさしく接してくれました。ただ、邦雄（片桐のこと）だけは末っ子ということもあり、無意識のうちに特別可愛がっていたかもしれません」

あるとき、集まりの席で姉のひとりが指摘していたことだ。片桐が幼児のころの最初の記憶として焼き付けているのは、そんな父や祖父と川でセッショウをしている図だ。だが、姉たちの証言から見えてくるのは、幼くして周囲から自立し、何事に対しても工夫を旨に積極的に立ち向かい、みずからの人生を切り拓くたくましい幼子の姿である。長姉の登美子の脳裏には、末弟の片桐が生き生きと躍動するある日の光景が、こんな風に刻まれている。

「邦雄はすでに三歳ぐらいのときには、ひとりで天竜川でセッショウをしていましたから……。アユのシーズンがくると、まず針が五つぐらいついている〝引っ掛け〟でオトリをとる。それと一緒に、チリメンニボシをモグモグ噛んで砕いたものをテンモク（筌）に入れ、川の流れに沈めておくんです。これだけでアユが面白いようにとれました。三歳の幼児がこんなに器用に道具を操れるのかと、じつの弟ながらえらく感心したことを覚えています」

未来の達人漁（猟）師片桐の誕生を充分予感させる話ではある。しかし、幼い片桐が心おきなくセッショウを楽しめたのも、このころまでではなかったか。なぜなら、片桐が三歳になった昭和二十九年の秋には、早くも秋葉ダムの工事がはじまっている。着工以前、西川の家々では天竜川の水を飲用や風呂用の生活用水として当然のごとく使い、重宝していた。流れの清らかさを、三歳の片桐もギリギリ記憶している。

「水に潜るのも得意でしたから、あのしぜんな川のキレイさは全身全霊で感じとっていました。玉石の河床が息を飲むほど美しく、大岩がゴロゴロある支流の白倉川《しらくら》とは違い、ゆったりと穏やかな流れでした。水量も今の三倍はありました。ダムは単に流域（ダムの上流と下流）をヘドロ化するだけでなく、流れを極単に減らしてしまう弊害もあるんです」

工事の進捗とともに、天竜の清流は遠い過去のものとなり、地元民が立ち退いた町に全国からドッと工夫が押し寄せ、見る見る飯場がふくらんでいった。病院、歯医者、映画館、旅館、鮨屋などが先を争うように看板を掲げ、案の定工事が本格化するころにはどこからともなく赤線が進出してきた。これ以後、ダムが竣工する昭和三十三年の夏まで、龍山はしばしの俄景気に沸き、村民の心を波立たせた。一方、掛けがえのない遊び場であった天竜川から追われた片桐は、転居先の下を流れる白倉川が新たな活動の舞台となった。遊びの天才がここを使いこなすのに、大して時間はかからなかった。

ダム闘争に画期を記した住民運動

ところで、この秋葉ダムの建設計画は、どんな経緯で表舞台にのぼり、そして実行されたのか。このあたりの事情を『龍山村史』（昭和五十五年刊）が巧みに解説しているので、それに沿って振りかえってみたい。まず、奇跡といわれた戦後の経済復興を推進するために、まっ先に求められたのが高度なエネルギー開発だった。当時、鉱物資源に恵まれないこの国で手っ取り早くできる大規模開発といえば、唯一豊富な水（川）を利用しての電源開発ぐらいしかなかった。そこで国は、昭和二十七年九月、電源開発促進法を制定し、前年に発足した地方電力会社（七社）とは別個に電源開発株式会社を設立して、勇躍大規模開発にのり出すことになったのだ。これが結果的に、拡大造林と並んで日本の国土に致命的な打撃を及ぼすことになるのだが、その実際についてはこのあと、片桐の口からおいおいに語られるはずだ。

　電源開発の基本計画は、電源開発審議会が策定することになっていた。前に金原明善が植林候補地として、よりによって瀬尻を選んだことを書いたが、今回審議会が最初の大規模電源開発の予定地として選んだのも、またしても天竜川（龍山）だった。促進法の制定からわずか一カ月後の十月二十日、総理府から降って湧いたような建設計画の告示が出された。天竜川総合開発と名付けられた計画の具体的内容は、巨大な佐久間発電所（最大出力三十五万キロワット）とその逆調整ダムとして下流に秋葉ダムを建設するという、当時にあっては破格で画期的なものだった。

　青天の霹靂としか言いようのないこの報せに、村も村民も一様に驚愕し、騒然となったことは言うまでもない。告示にもとづいて、村はさっそく同年十二月二十六日、総理府に対し意見書を提出し、村の基本的態度を表明した。そこでは、村は国の意図する総合開発の趣意には理解を示し、事業に対しては協力的態度を表明しながらも、ダム及び発電所の建設が直接、間接に村に与

える影響が甚大であると予想して、これに対応する充分な措置をとるよう、国及び電源開発に強く訴えている。併行して、村も関係地区もそれぞれ対策委員会や対策組合を結成して、急きょこの電撃的な計画への対策を練りはじめた。

しかし、地元の誠実な対応にもかかわらず、地元民がまっ先に知りたがったダムの構築地点が明示されないまま、公示後の無為な時間が過ぎていった。電源開発はようやく二十八年二月になって、構築地点探索のためのボーリングを開始し、六月に入ってようやく秋葉発電所建設基本計画を公表する。その時点でのダム建設予定位置は、最終決定位置より二キロも上流の、川幅がもっとも狭い岩場の〝つなかけ〟(通称)であった。だが、この〝つなかけ〟もいくつか難点があるとされ、正式決定までには至らず、十月までもち越された。

現在の秋葉ダム。手前に片桐がメセロ漁にいそしんだ砂防堤の名残がみえる今回の工事を統括する現地事務所は、電源開発佐久間出張所として佐久間村（当時）におかれた。十月五日、二代目所長として着任した永田年は県庁に斉藤県知事をたずね、秋葉ダムの建設地点を従来の予定位置（つまり〝つなかけ〟）より二キロ下流の西川地先に内定したことを説明して、了解を求めた。建設地点の変更により村内の水没区域はさらに拡大され、湖岸に沿う県道の付け替え工事も計画変更を余儀なくされ、県ではただちに現地の測量と実地調査にかかった。一方、村も急きょ対策協議会を開催して、新しい事態への対応策を練った。

十月十二日には村を挙げて秋葉ダム対策村民決起大会が開かれ、重大決議がなされる。村長以下議会議長、対策会長らはこぞって県に出向き、大会決議文と宣言文を手渡した。その要旨は、「電源開発は村民に対する誠意を欠き、ダム建設に対する具体案を示すことなく住民を聾桟敷《つんぼさじき》においている。このような会社が実施しようとするダム建設には、挙村一致断固反対する」というものだった。その後に続く国の公共事業の〝常套手段〟だったとはいえ、真の当事者（龍山村民）を蚊帳の外におくかのようなやり方に、村側が業を煮やすのもしぜんなことだった。

大会でもっとも問題視されたのは、以下の諸点であった。つまり、「秋葉ダム建設地点の計画変更を村民に公表せず、しかも佐久間ダムと同時着工ということになれば、村内の水没世帯等確定の把握に立って、それらの移転対策、村造り対策、補償問題等、あらゆる重要な案件について交渉すべき時に、村民に協力を要請しない会社側の態度は全く理解できない」と。また、決起大会の宣言によれば、「村民は、秋葉ダム建設が国土総合開発という重要国策の観点からすすめられるものであるという認識に立って、犠牲をも甘受して協力体制をとってきたが、告示後一カ年にもなろうとする今日、施工者は工事設計内容も明らかにせず、且つまた、ダム建設地を勝手に動かしている現状は、電源開発促進法第三条に規定されている利害関係者であるところの村当局の利権中立てに対して何ら意志表示をしていないということであって、このこと自体まったく誠意を欠くものであり、このような独善的態度を変えない限り、村は一致してダム建設に反対する」と、述べている。

敗戦を経て、みずから望んだか否かは別としても一応の民主国家となり、さらには平和憲法まで獲得した国が、国家の今後を占なう一大事業を起こすに際しとった態度が、まさにこのようなものだったのだ。旧態然として、長い戦時体制の中で国民に被《こうむ》らせた未曾有の辛苦と悲劇に、まるで学んでいない。いざというときには強制収用という奥の手を使いつつ、正当な市民の反対運動（公共事業における）をことごとく葬ってきたのが戦後日本の保守政治だった。その端緒において、このようなずさんな地方（つまり市民）への対応があったことは、じつに象徴的であったと言わなければならない。

ちなみに、ダム敷設にともなう水没世帯数は、瀬尻および下平山地内で併せて七十七と予想されていたが、建設地点が下流に変更されることで、雲折《くもおり》地区でさらに十二戸が対象として加算された。また、準備工事のため、ダム予定地下流の西川、戸倉地区でも相当数の移転が必要となった。西川の中心部にあった片桐家の移転も、まさに付帯工事に伴うとばっちりの災禍だったのである。村民の思いは、「国策である電源開発には反対しないが、ダム建設によって父祖伝来の家屋敷を失う我々の将来は、いったいどうなるのか」という不安に集約されており、それがそのまま決起大会の宣言となって現れたのだった。

日増しに切迫感をつのらせる村民を前にして、このままの情況で日時を空費し、事を先送りすることはいっそう解決を困難にするという判断に立ち、村と電源開発は十月二十一日と二十七日の前後二回にわたって、村民代表と会社側との討論の場をもうけることになった。電源開発側は永田所長、木村次長以下各部担当責任者が、一方村からは各界各層の代表約四十名が出席した。二日間に及ぶ話し合いの詳細にふれる紙幅はここにないが、今そのときの記録を改めて読み返すと、住民の多岐にわたる厳しい追求に、会社側が何とかその場を取り繕おうと必死に答弁する様子がありありと伝わってくる。最終的に、ダムの建設地点の正式決定と準備工事開始については、かならず当局を通じ村民に通知すること、補償責任の確約等をして会談はお開きとなった。

『龍山村史』には、このあとの経過についてはいっさい書かれていない。村及び村民の要望がしっかり通ったのかどうか、村史からはまったくうかがい知れない。ただ、「三十二年十月二十八日、この日、北遠ははじめて天皇皇后両陛下の行幸啓を仰ぎ、龍山村では、完成した秋葉ダム取水口広場にお迎えし、村民こぞって心をこめて歓迎した」(傍点筆者)との記述から判断すると、討論時の村側からの要求はかなりのレベルで電源開発側に受け入れられたものと想像される。

じっさいにはどうであったのか、村と電源開発の攻防の結末を聞くべく、瀬尻の野田和秀をたずねた。野田は前述した下里の野田たよの長男で、片桐とは従兄弟の関係にある。龍山の村役場に長く勤務し、のちに教育長のポストにもついたことのある野田に会えば、ダム闘争の顛末が知れると思ったからだ。

「瀬尻に関していえば、生島《おくじま》（瀬尻の中心部）の有力者たちの活躍は明記されていいと思います。彼らは地区を見事に束ね、突如降って湧いた難題にあたったのです。けして過激な行動に出なかった背景には、拡大造林がはじまって、山の景気がよかったという事情がありました。勝ち・負けの判断はできませんが、公共補償の大方は通ったのではないでしょうか」

野田の指摘との関連で言えば、ダム建設の告示が出たとき、最大の水没地と予想された瀬尻では、二百戸余りの全区民は打って一丸となり、ただちに瀬尻地区対策組合（鈴木辰巳組合長）を結成している。その上で綿密な村づくり計画を作り、要望事項をまとめて総理府及び電源開発に提示した。その内容は、区民は国土総合開発の趣旨には賛意を表するも、開発の名によって父祖伝来の郷土の荒廃を招くことなく、開発は同時に明るく住みよい村づくりに繋がるべきことを強調している。その上で、水没によって失われる宅地、その他既存の用地施設を代替え工事によって新たに造成し、水没による住民の離散を防ぎ、地域発展の基盤整備のための必要な条件を掲げ、その実現を強く求めている。

今、過疎で人通りが減ったとはいえ、秋葉湖畔に整然とした家並が続く瀬尻を歩くと、当時、対策組合が要望した村づくりが順調に運んだであろうことが、よく分かる。個人補償の成否については不明ながら、野田が想像するとおり、公共補償についてはほぼ要求どおりの成果を勝ち得たものと思われる。生島地区の八代沢・不動沢を埋め立て、かつ嵩上げして、村づくりの基盤としたのだった。瀬尻小学校は永源寺裏の現在地（廃校）に改築され、大嶺教室・瀬尻教室に分かれていた龍山中学校もこれを機に、瀬尻から少し下流の河内沢に統合され、新築校舎を得た。村史でも、この瀬尻における対策組合の一連の活動は、わが国の電源開発対策史上、画期的なものであったと結論づけている。

さらに言えば、動揺混乱の巷で村（役場）が果たした役割も、今すこし評価されていいのかもしれない。なぜなら、村は告示から一貫して、仮にダムができた場合でも、なるべく離村せず地元にとどまり、新しい村づくりに参加するよう住民に呼びかけていたからだ。結果として、大部分の水没家屋は地元に残り、村と運命を共にする道を選んでいる。その後にダム建設ラッシュの時代を迎え、係争地のほとんどがそこに〝悲劇〟だけを残して、縁もゆかりもない土地に四散していった結末を思うとき、秋葉ダムにおける経過は希有で、例外的なケースと言えないだろうか。

とまれ、この国の本格的な電源開発のその最初期に、ダム建設の功罪は別にして、龍山の住民は全身全霊をもって事にあたり、国の独善を許さなかった。そこに、間違いなくひとつの画期が記されたのである。

幼くして向き合った手強い試練

さて、幼子の心に影を落とす事件が、こんどは家の内側からもち上がっていた。年端もいかない片桐がまったく関知しないところで、その話は進んでいた。ダムによる移転で一家が右往左往する最中に、それは忍び足でやってきた。

「もうすぐ小学校入学というタイミングでした。ダムの立ち退きの補償金で、父は磐田市の二宮に土地を購入し、西川の実家を移して、父の一番下の妹（次女＝八木シズコ）夫婦に住まわせていました。叔母には子どもがおらず、そのため私を里子として迎えたいという話が、兄妹の間で取り交わされていたんです。当時はどこでも見られた縁組話ですが、まさに私もその当事者のひとりであったわけです」

今でこそ、片桐はこう冷静に振り返ることができるが、その場に置かれたいたいけな幼子の心情は、いかばかりのものであったろう。片桐が正直に吐露する。

「最初はごくしぜんに、叔母の家に遊びに行くといった感じだったと思います。そこには洋裁学校に通う姉（三女＝美津子）が下宿していましたし……。でも、そろそろ龍山に帰りたいと言うと、叔母夫婦はいろいろ理由をつけてスンナリと帰らせてくれない。そのうち、近所に住む同じぐらいの年格好の子どもを呼んで、ご馳走を振る舞いはじめるんです。これは大変なことになりそうだ、と」

　そうこうするうちに、龍山からランドセルが届く。ショックの余り、片桐はその後何日も泣いて過ごしたという。しかし、叔母夫婦の攻撃はやまなかった。たとえば夜、風呂に入ったときなど、「お父さん、お母さんと呼ばなければ、風呂から出さない」と仕置きされた。それでも、龍山のことが片時も忘れられない片桐少年は、果敢に反抗した。

「夏になると、龍山から唐揚げにしたウナギの骨なんかが送られてくる。そうすると、余計にふる里のことがなつかしく思い出されて……。忘れようにも、忘れられるはずがないじゃないですか」

　叔母は兄への体面もあり、片桐に英才教育をほどこし、学歴をつけさせることでみずからの面目を保ちたかった。しかし、遊びたい盛りの少年、それも自然の申し子のような子どもに、叔母の思いは届くはずもなかった。そんなとき、叔母に世話になっているという負い目から、姉の美津子は心ならずも片桐をしかり、ときに物指しでたたくこともあったという。

　叔母の目を盗むことに成功した日には、少年はブッタイ（竹もしくは金網で編んだ箕《み》形の魚具）を引っつかんで近所の小川に直行した。川岸にそれをあてがい、土手の下を棒でつつくだけで、いくらでも雑魚《ざこ》がとれた。それは、幸せから見放された少年が、心を解き放つことができる唯一の時間だった。

　だが、もとより無理があった叔母の思惑であってみれば、いつ綻《ほころ》びが出ても不思議はなかった。

そのキッカケを作ったのは、片桐の姉のひとり、四女の弘子だった。美津子のすぐ下の妹である。

「あのころ、私はすでに社会人になっていて、久しぶりに龍山に帰省したときのこと。じつは、邦雄の養子のことはまったく知らなかったんです。何気なくテーブルに置かれた邦雄の写真を見て、ビックリ。胸の名札に片桐ではない〝八木〟の文字を見つけたわけです」

父親に問いただした弘子は、はじめて事情が飲みこめた。瞬間、弘子は父に向かって、「八人きょうだいは八人揃っているから価値がある。ひとりでも欠けたらダメ！」と叫んでいた。そのとき、父親の顔に後悔がにじみ出ていたことを、弘子は今でもはっきりと覚えている。

磐田の叔母夫婦に、ケンカが絶えなくなるのが、ちょうどこのころからだった。やがて、夫婦は正式に離婚することになり、少年のもとに龍山から父親が引き取りにやってきた。時に小学五年生、二学期の終わる日のことだった。「あのときのうれしさは、とても言葉では言い表わせない」と、片桐は微笑とともにふり返る。人生最大の事件は、こうして静かに幕を閉じることになったのである。

片桐は今、この数奇な体験をどう総括しているのだろう。明確な答えが返ってきた。

「いい経験をさせてもらった、と。私を送り出すときの母の断腸の思いが、子ども心に分かりましたから……。西川にもどってからは、余計に両親を慈しまないといけない、と思うようになりました。それと、いずれ自分が家庭をもつような立場になったとき、わが子にはけして同じ体験をさせてはならない、と心に誓ったことを覚えています」

片桐はまた、里子を経験したことで、無性に人恋しくなることが習い性になったという。だから、「何かにつけ、人を集めるのが好き」と言ってはばからない。片桐が折につけ一族参加の集まりを企画するのも、自身の人恋しさと無関係ではないのかもしれない。それにつけ、ふつうなら恨みを抱いてもおかしくない親の仕打ちに対して、それを「いい経験だった」と言い切れるこの男の人間性は、どこでどう培われたのだろうか。

ガキ大将が味わったふる里喪失の衝撃

五年振りに龍山にもどった片桐は、水を得た魚のごとく、文字どおりの〝再生〟を果たすことになる。完全な野生児にもどり、自然の懐にふたたび抱かれた。実家は西川にあっても、片桐はいちおう転校生だった。しかし、そのときの片桐に新参者の感覚はまるでなかったという。それは片桐を迎えたクラスメートたちも同様であったらしく、余りにもスンナリ片桐が〝元の鞘〟に収まったために、誰ひとりとして違和感を感じなかったのである。

「それはそう、ですよ。幼稚園はこっちでしたし、五年近いブランクがあったとはいえ、みな気心は知れてました。夏休みに磐田から帰省すると、まっ先に遊んでいた連中ですから……。それで、西川にもどるや否や、私は難なくガキ大将のポストに返り咲くことができました」

喜んだのは近所の子どもたちだけではなかった。二歳半違いの兄の啓助も、片桐の突然の帰宅にうれしさを隠しきれなかった。これからは磐田にわざわざ出かけなくても、毎日でも一緒に遊ぶことができる、と啓助は胸をときめかせたという。

「それができたのも、最初のうちだけでした。西川の生活に順応するが早いか、弟はもう私なんぞには目もくれずに、手下をゾロゾロ引き連れて、川や山で自由奔放に遊びほうけていました。邦雄は根っからの自然児で、大自然の中で生きるべく運命づけられていたんです」

自然相手の遊びでは人後に落ちないと自負していた兄が、弟を前にしてはタジタジであったらしい。遊びのスケールが違っていたのだ。たとえば、きょうは白倉川でアユをとると決めたら、一日徹底して〝引っ掛け〟で川をさらうように獲物を追いもとめ、また鳥罠で野鳥をとろうと思い定めたら、脇目も振らずこれに没頭した。まさに現在の片桐の猟(漁)スタイルを彷彿とさせる熱の入れようであったという。こんな証言を通しても、片桐が生まれながらの猟(漁)師であったことが、よく分かる。

一方で、様変わりしたふる里の佇まいに、片桐少年はしばしば呆然と立ち尽くした。ダム工事のもたらす物心両面の影響の大きさは想像をはるかに超えたものであり、少年は破壊的ともいえるその変容にたじろいだのである。

「一番のショックは、生家が壊されて跡形もなくなっていたこと。堰堤の上流側は水没で家を失い、反対の下流に位置した西川は工事の最前線となり、旧市街地の家々はことごとく強制的に立ち退きを食らって……。西川には今でも最愛の母と兄嫁が住んでいますが、実家が消えた新しい家並を見るのがつらく、西川にはなかなか足が向きません」

これが、不条理により心のふる里（生家）を失った者が抱く共通の思いなのだ。仕事柄、私は全国の山間地を隈なく歩き、その先々でダム建設による移転の悲劇に出遭い、そして新天地で地に足のつかない暮らしを強いられている転出者たちの声を聞いてきた。彼らが必ず口にするのが、片桐と同じ「余りにつらすぎて、とてもダムを見に行こうなんて気にはなれません」というフレーズだ。

昨年も、宮崎県美郷町南郷区（旧南郷村）をたずねた折、神門《みかど》の南郷旅館で女将の坂本充子の話を聞いた。彼女もダム開発による強制退去に遭遇したひとりだった。昭和二十九年に村内渡川《どがわ》地区に渡川ダムが完成する二年前、坂本は家族とともにふる里（中渡川集落）を追われ、川南町（児湯郡）の開拓地へと転居する。当時、坂本はいたいけな小学三年生の少女だった。

「以来六十年近くになりますが、私はまだ一度もダムをたずねていません。というより、怖くてたずねることができないのです。〝形〟がなくなったら、それをふる里と呼べるでしょうか。ダムの転出者たちの悲しみは、当事者でないとけして理解してもらえません」

重い言葉である。ダムという巨大開発が葬るものは流域の自然、豊かな山の文化だけにとどまらない。もっとも深刻なダメージを受けるのは人の心なのだ。この心の傷というものは、片桐や坂本がいみじくも証言したように、一生背負って生きなければならない重すぎる十字架なのである。

今また、連日のようにかまびすしく八ッ場ダムのことが報じられているが、私も十年ほど前に取材で川原湯地区(群馬県)を訪れたことがある。あのころすでに水没住民の移転がはじまっていたが、工事の進捗が緩慢であったこともあり、住民たちの気持は今よりもずっと複雑に揺れていたと思う。このとき、とりわけ印象に残ったのが、温泉街の対岸にあった小学校の分校をたずねた折、そこの校長が腹の底から絞り出すように語ってくれた言葉だった。

「政治家もマスコミも、そして一般の国民も本当の悲劇に何ら気付いていない。何十年にもわたる移転交渉の過程で、そこに〝札束〟が行ったりきたりする光景を否応なく見せつけられる多くの子どもがいることを、みな理解しているのか、と問いたい。ダム工事の本当の被害者、犠牲者は子どもたちなんです。この国で子どもたちの心のケアが問題になったことはありますか?」

あのときの、年輩の校長の思い詰めたような表情が、いまだ鮮明に記憶に残っている。このあと、新政権のもとで工事が最終的に中止になるのか、あるいは一転継続となるのか、まだまだ予断を許さない。しかし、ひとつだけはっきりと言えることは、この国のダム行政に対する意識は余りにも時代遅れで、お粗末この上ないということである。一九九四年、ブルガリアで開催された「国際灌漑排水会議」の席上で、アメリカの開墾局総裁ダニエル・ビアードが「アメリカにおけるダム開発の時代は終わった」と宣言したことは、余りにも有名な話だ。以来、アメリカやヨーロッパの先進国では、年間にダムをいくつ減らすかという具体的な数字を伴った、文字どおり〝ダムを壊す時代〟に入っている。

それは単に、自然環境を守ることだけから発想された考えではなく、費用対効果、つまり経済的側面からも充分に検証された行動指針なのである。たとえてみれば、天竜川の秋葉ダムがつくる電力と、ダムによって奪われた内水面と海の総漁獲収入とを比べてみて、どちらが費用対効果に勝るかといったことだ。もちろん、ダムがなければ（上流のいくつかのダムもふくめて）、五十余年ずっと豊かな漁業収入は連続してあったはずであり、また自然環境をはじめとする川を取り巻く数えきれない価値も、ずっと安定的に守られたに違いない。どちらの道により大きな〝利〟があるか、子どもでも分かるはずだ。否、役人や大人にはこの単純な図式がよくよく見えにくいものらしい。ちなみに、その後のアメリカでは、国家環境政策法などが整備され、現在までに七百カ所をこえるダムや堰が撤去された。

ダムで川を塞き止めることの意味

閑話休題。このころの片桐の、そして周囲の記憶にもっとも鮮明に染みついているのが、メセロ（ウナギの稚魚）にまつわるエピソードだ。ダムの堰堤が完成する以前、またそのあとしばらくは、天竜川は文字どおり多種多様な淡水魚の宝庫で、特にアユとウナギは天竜の二大名産だった。

「今となっては誰も信じてくれませんが、それぞれの魚が〝乗っ込み〟の時季を迎えると、本当に流れが群れる魚体で埋まるほどでした。ウグイにコイ、フナ、この世のものとは思えない光景でした。あのころに比べたら、死滅寸前の現在の天竜川には、一万分の一の魚もいませんね」

片桐の当時の印象では、アユの数も圧倒的だったが、それ以上にウナギが優勢だったという。メセロが遡上をはじめるのは四月下旬ごろで、河口の汽水域からアユとともに上流を目指す。堰堤がまだない時代には、もちろんウナギもアユも長野との県境を越えて溯上した。秋葉ダムという新たな障壁に遭遇したメセロたちは、本能にしたがい、それでも健気に堰堤を乗り越えようとする。魚道すらない垂直の壁であってみれば、もとより徒労に終わることは分かりきっていたのだが……。

「邦雄はその堰堤の下部に取りついて、簾《すだれ》のような格好で挑戦を繰り返すメセロの群れを、網ひとつで器用につかまえるんです。見ているほうがハラハラ、ドキドキするような芸当でしたけど、あの子はけしてやめようとはしませんでした。たしかに、あのころはまだ、ものすごい数のメセロがのぼってきました」

母親たまの証言である。メセロたちが果敢に堰堤に挑むのは、もちろんダムの放流時ではあり得ない。そんなときは、強烈な水圧ゆえに、立ち向かうことさえ不可能であるからだ。放流の最終段階、つまり水門が徐々に閉じられようとして、堰堤を流れ下る水の勢いがまさに弱まる瞬間を狙い澄まして、彼らは実ることのない挑戦に打って出るのである。そこを狙って、少年は立ち入り禁止区域の堰堤上から三角網（ブッタイ）を危なっかしく差し出し、ダムの滝壺でメセロを捕らえたのだ。

いざ水門が閉じられると、メセロは本能的に流れを下ろうとする。堰堤の下流には落差四十センチの砂防堤があり、こんどはここがメセロ漁の漁場となる。大人たちに先を越されぬよう、少年はまっ先に堰堤上に陣地を確保した。水勢が弱まった堰の上に川石で人工の流れをいくつもつくり、その落ち口に三角網をあてがった。メセロは流しソーメンのように、いくらでも落ちてきた。

堰堤で大量に捕獲したメセロは、浜名湖周辺にある養鰻業者のもとに運び、買い上げてもらう。そのためには、龍山から五十キロも離れた浜名湖まで、メセロを生かした状態で運ばなければならない。とれる日には、一日に三十〜四十キロにも達することがあった。このとき、片桐は小学六年もしくは中学に入ったばかりの、ほんの子どもである。さて、とれたメセロをどうするか。

「当時、その砂防でメセロ捕りをしていた大人が十五〜十六人いましたから、彼らが浜名湖にメセロを売りに行くときに、ちゃっかりその車に便乗させてもらうわけです。養鰻場でメセロは三段級に分けられて、親指より太いのは値がつきませんでした。一番細いのが高いんです。業者は重量で買い取りますから、同じ重さなら小さいウナギのほうが数で勝る。敵もさる者、でした」

それに、小さいメセロほど餌付きがよく、結果的に早く成長するという。大人に混じり、片桐も丁々発止でメセロを売りさばき、ふたたび知り合いの車に相乗りして、意気揚々と西川に戻ってくる。その際、売れ残った親指サイズのウナギはしっかり家にもち帰った。まだモノが不足勝ちだった昭和三十年代、メセロは貴重な一家のタンパク源であり、また贅沢品であった。

「あのころ、ボクのメセロ漁で得たお金がじっさい家計の助けになっていました。姉（五女の敦子）の誕生日に化粧品をプレゼントしたこともあります。子ども心に鼻高々でしたね。磐田の叔母の家に預けられていたときは、西川から送られてくるウナギの骨の唐揚げに涙したものですが、こんどは自分で好きなだけとって、しかもそれが家族の役に立つ。間違いなく子ども時代の絶頂期だったですね。私のその後を決めた日々であったかもしれません」

たしかに、現在の片桐の仕事振りを見ていると、その活動範囲こそ飛躍的に広がってはいるものの、自然に寄り添い、そこから生活の糧を得るという基本的スタンスは、少年時代のそれからほとんどぶれていない。私が片桐の生き方にある種の郷愁と羨望を感じるのは、まさに彼がもち続ける〝子ども心〟ゆえなのだ。凡人には望んでもできない生き方を実践しているという意味において、片桐は途轍《とてつ》もなく偉大な生活者であり、また幸せな大人と言うべきだろう。

しかし、片桐が変わらぬ童心をもち続ける一方で、西川のいとしい町並と同様、母なる天竜川はその根底から変貌を余儀なくさせられてきた。この点を衝く異能の専業漁師の舌鋒は、じつにシャープだ。

「ダムが完成したとしても、川は十年くらいは〝騙《だま》し〟が利くんです。つまり、その間はまだ生態への深刻な影響は出てこない。秋葉ダムのときもまだ下流の船明《ふなぎら》ダム（昭和五十二年完成）ができていなかったこともあって、流域住民や川漁師は暢気に構えていた。それが昭和四十年ごろを境にふっつり魚がのぼってこなくなって、やっとダムで川を塞ぐことの意味に気付くわけです。

いやいや、いまだにほとんどの国民がその非に気付いていないから、相も変わらずダムは作り続けられているのですが……」

自然の、そして生態の何たるかを体で覚えこんできた片桐にしてみれば、大型の公共工事の際にかならず話題になる〝環境アセスメント〟のことごとくがまったくの茶番であることは、とうに見抜いている。「現場に立ったこともない学者や木っ端役人どもに、どうしてそこの環境や生き物の叫びが理解できますか？」と論難して、はばからない。

鋭敏な川漁師は、ダム建設による天竜川の異変（というより破壊）が現実のものとなったとき、同時に日本一のウナギの産地である浜名湖が長い低迷期に入ったことを見逃さなかった。浜名湖がウナギで名声を勝ち得たのも、天竜川をのぼるメセロあっての物種であったのだ。このころから、浜名湖をはじめとする全国のウナギ産地が、メセロの供給をヨーロッパなどの海外に求めたことは、周知の事実だ。大量のヨーロッパウナギの稚魚（つまりメセロ）を輸入し続けた結果、その一部が養殖池から川に逃げ出し、もともと日本にいなかった種を拡散させてしまった。それが今、日本の川の生態系に深刻な問題を引きおこそうとしている。その驚愕の事実は次章で明らかになるだろう。

さて、ニホンミツバチの分蜂はゴールデンウィークごろには峠をこし、片桐はこの時期、猟師から漁師への〝衣更え〟をする。天竜川を舞台にした川漁へと移るのだ。春の漁の除幕を担うのがウナギ漁というのも、何かの因縁だろうか。

資源枯渇の中、親子の息の合った共同
作業が伝統の捨て針漁を支える

四章

アユの切り身でウナギを誘う

種の保存のための性転換

ウナギ漁の解禁は五月一日。私が三たび二俣を訪れたのは五月十六日のことだった。昼過ぎに竹染につくと、片桐に導かれ、店のすぐ西側に迫る天竜川の高い堤防を乗りこえ、河原へと下った。堤防の裾にテトラポッドがいくつか積み重ねられていて、その脇に六艘ほどの川舟が舫っている。

「ぜんぶボクの自作の舟です。この地域では、最初に船外機を導入したのもボクですし、船体にFRPを巻きつけた舟を作ったのもボクが最初でした。舟の数がふえるにしたがって、ご近所から『あんたひとりの川じゃないんだから』と、非難の電話が殺到しましてね。こちらとしたら、『商売道具だからお許しを！』と平謝りするしかないんですが……」

そんなエピソードを聞きつつ、いかにも取り回しのよさそうな一艘に乗船。基本的に操船は片桐が担当し、同乗した長男の尚矢が漁に専念する。ちなみに、尚矢は現在三十三歳で、地元の二俣高校を卒業すると同時に、竹染の後継者になるべく修業を積んでいる。高校時代、ボート部に属したという尚矢だが、そうでなくとも川漁は物心つくころから父親を手伝っていたこともあり、漁に際して何ひとつ無駄のないふたりの動きは、じつに息が合って見事なものだった。

この季節、片桐が取り組んでいるのは〝捨て針〟漁で、別名流し針とも呼ぶらしい。海の漁でいう延縄《はえなわ》のことで、約十二メートルのロープに一メートルおきに十本の針がついており、これを一カ統として計十五カ統を漁に使う。各針には小アユの切り身が餌としてつけられ、仕掛の両端にセットした錘《おもり》でこれを沈め、片端には捨て針のありかが分かるように目印の浮きをつけておく。餌はアユの代わりにチチブ（カワハゼ）も使えるが、ウナギの食いつきはアユにはかなわないらしい。

「一カ統ずつ、川の流れに直角になるように沈めます。錘をつけているのは、捨て針が水流に押し流されないためですが、針はただ沈めればいいというわけではなく、川底でかすかに動いていないと、ウナギは餌に興味を示してくれません」

(右) 1カ統分ずつ丁寧にケースにおさめられた捨て針の仕掛
(左) 小アユの切り身を針につける

この日、捨て針を仕掛けたのは、舟の舫い場から八キロほど下った浜北大橋の上流あたりであったが、もちろん片桐は細心の注意を払って舟をここぞという十五カ所のポイントに誘導する。ダムの放流のたびに微妙に川筋や水深は変化するが、天竜川を知悉《ちしつ》した片桐の頭の中には、寸分たがわぬ川底の地形図が描かれているとみえる。

「じつは、沈めるポイントを選ぶ以前に、何時ごろ捨て針を仕掛けるかによっても漁に影響が出てきます。ウナギは夜行性で、夜、寝床から餌場に向かうとき、彼らはかならず〝ウナギ道〟を通って移動します。そのときに捨て針の餌に気付くわけですが、仕掛けるのが早すぎて餌のアユがふやけていたりしたら、もうぜんぜん餌に反応してきません」

ふつう、捨て針を仕掛ける時刻は、きょうの

10本の針にすべて餌をつけたところで、1カ統ずつ仕掛を川に沈める

ように午後二時ごろから四時ごろにかけてだそうだ。この時間が早すぎると、夜、ウナギが出没する前に餌がだらけてしまうらしい。

ウナギ道があるという話もじつに興味深い。天竜川の下流（河口から二十キロぐらい）のこのあたりには淵らしい淵はないが、それでも浅瀬と深みの差はあり、そこにできる川底の斜面（〝かけま〟と呼ぶ）にウナギ道が通っているという。濁った水の中にあるウナギ道の存在を見極め、それに沿って捨て針を仕掛けるのがこの漁の真骨頂なのである。

ダムができる以前には、川底は美しい玉石におおわれていて、そこにウナギ道が通っていた。清流に棲むウナギとして、天竜川のウナギは珍重された。ダムの建設とともに川は四季をとおして濁流となり、小粒になった川石は常にヘドロにおおい隠されている。

「カニの穴とかも寝床に利用されています。条件のいい場所はたいがい優勢のウナギに占拠されていて、それを求めての縄張り争いが絶えません。人間の政治と同様、ウナギにも凄まじいばかりの権力闘争があるんです」

人間臭さと魚臭さとは、意外に近いものなのかもしれない。力関係ということでは、このあと片桐に聞いたオス、メスの性差についての知見は、まさに青天の霹靂のビックリ話だった。

海の産卵場所（マリアナ海溝）からはるばる河口の汽水域にたどり着いたメセロたちは、春を待ってアユの稚魚とともに遡上をはじめる。そのとき、メセロの性別はほぼ互角の五分五分であるという。秋になると、ふたたび成魚になったアユとともに川を下り、河口の汽水域で冬をやり過ごす。そこは水温が一定していて棲みやすく、その上、身を隠すに好都合なアシも繁茂している。これは冬眠ではなく、あくまで〝仮眠〟であるらしい。

「このサイクル、つまり遡上と下《くだ》りを三〜四年繰り返したころ、ウナギの性転換がはじまります。オスが次々とメス化する現象がおきるんです。種の保存のためにメスの数をふやすという、ウナギのしたたかな防衛本能というわけです」

人間界でもニュー・ハーフばやりだが、ウナギの戦略はもっとずっと切実なものなのだ。ニホンウナギ、ヨーロッパウナギを問わず、今まさに絶滅の危機に瀕している現状では、ウナギたちはさらに性転換の度合いを高めてゆくに違いない。余談だが、ときたま秋になっても川を下らないウナギがいるらしい。なぜ下らないのかは不明ということだが、これは〝トコウナギ〟（床ウナギか?）と呼ばれている。

ウナギの未来は日本人の〝口〟次第

核心に入ってきたところで、改めてウナギについての基礎知識を繙いてみたい。蒲焼きとして日本人に広く親しまれているわりには、意外にその生態は知られていない。生息環境の劣化により、自然の河川ではほとんど見る機会がなくなったことも、人間のウナギに対する無関心を助長しているのかもしれない。

さて、ウナギは本来ウナギ目ウナギ科ウナギ属に属する魚で、ウナギ科にはウナギ属しかいない。ウナギ目になると、アナゴ科、ウツボ科、ウミヘビ科など、馴染みの名前が出てくる。多くが海や川の底に暮らす魚で、狭いところに身を隠すのに適した体型に進化している点が特徴だ。葉っぱの形をした幼生（レプトセファルス）を経て成魚になり、腹ビレがないことでも共通している。ウナギ属の魚は現在、世界に十五種と三つの亜種が存在しているという。計十八種、思いのほか少ないのである。

十八種類のウナギの中で、日本に棲んでいるのは、我々が昔から食べてきたニホンウナギとオオウナギの二種類。タウナギ、ヤツメウナギやエラブウナギなどもいるではないか、と色めく向きもあるかもしれないが、これらは形こそウナギと似てはいても、相当遠縁の生き物なのだ。十八種のうちの十二種類は、アフリカ東海岸やモザンビーク周辺などの熱帯インド洋と東南アジア周辺の熱帯太平洋に棲み、日本にもいるオオウナギ以外はまだほとんど和名もついていない。残りが主に温帯に分布するウナギで、ニホンウナギのほか、ヨーロッパウナギ、アメリカウナギの大西洋の二種、オーストラリアやニュージーランド周辺の三種類が知られている。

これらウナギは日本のみならず、世界各地で食材として親しまれてきた。筆者自身、取材で訪れた中国やベトナムなどアジア諸国ではもちろんのこと、オランダ、ベルギー、スペインなどのEUの国々、さらには最近めっきりメニューから料理名が消えてしまったが、アメリカやカナダの北米でもウナギ料理を味わった経験をもつ。

このウナギに今、世界的な異変が起きている。日本人が長く食してきたニホンウナギだけでなく、アメリカやヨーロッパのウナギ資源も一律に急減し、その先行きが危ぶまれているのだ。

二〇〇七年六月には、オランダのハーグでワシントン条約の締約国会議が開かれた。ワシントン条約は絶滅の恐れがある野生動物の国際取引を規制するもので、このとき参加各国は減少著しいヨーロッパウナギを条約の規制対象にし、輸出時に各国の許可証の発行を義務付けることを決めた。背景に、ウナギの国際取引によりヨーロッパウナギが激減し、このままでは絶滅しかねない、との判断があった。事実、日本や欧米の先進国で食べられているニホンウナギ、ヨーロッパウナギ、アメリカウナギがともに急減している中で、ヨーロッパウナギの漁獲量の減少傾向はとりわけすさまじい。

「日本の状況はまだましなほう。欧州では、毎年新たに川を上るウナギの量は最盛期の五パーセント足らずに減り、なかには一パーセント以下になった川もある」

こう嘆くのは、ウナギ研究の世界的権威として知られる、オランダ漁業研究所のウィレム・デッカー博士だ。先に片桐は「実感として、天竜川の魚は一万分の一に減った」という言い方をしたが、それはけして誇張ではないのである。では、絶滅が危惧されるヨーロッパウナギはどこに輸出されるのか。言うまでもなく、その〝終着駅〟は日本にほかならない。かつては土用の日のご馳走であったはずのウナギが、今では三百六十五日いつでも、最寄りのスーパーやコンビニに行けば、パックされた蒲焼きなどとして店頭に並んでいる。

これらウナギの多くは、中国の養殖場を経て日本にたどり着いたヨーロッパウナギというわけだ。つまり、ワシントン条約の対象魚となったヨーロッパウナギの減少は、世界のウナギの七割を食べている日本人の食生活と深く関連しているのである。はっきり言ってしまえば、世界のウナギの未来は日本人の〝口〟にかかっている、とも言えるのだ。

特に戦後、日本では拡大造林やダムの建設ラッシュにより、自然の生態系がことごとく破壊され、あらゆる生き物の生育環境が劣化の一途をたどってきた。そんな流れに追い打ちをかけたのが、田畑や山林への農薬・除草剤の大量投入だった。こうした背景の中で、レイチェル・カーソンの『沈黙の春』や有吉佐和子の『複合汚染』といった警鐘の書が出版されたことは、耳目に新しいところだ。昭和四十年代半ばごろからニホンウナギが全国の河川や湖沼で急減するのも、もとから予測できたことなのである。片桐のように現場で暮らす人間のみが、そうしたあってはならない異変に気付いていていたのだが……。

突きとめられたウナギの産卵場所

さて、ニホンウナギの減少が顕著になると、養殖業者が当時はまだ価格の安かったヨーロッパウナギに飛びつくのは、しぜんの成り行きだった。昭和四十五年ごろには、まだ中国を通すことなく、フランスから養殖用の種苗として大量のヨーロッパウナギの稚魚が直輸入されていた。やがて、輸入元はスペイン、イタリア、オランダから北欧諸国などへと広がり、ピーク時の四十七年には年間二十トンを超えるシラスウナギが日本に運ばれた。こうして、ヨーロッパウナギの輸入は十年ばかり続いたのである。

ところで、ヨーロッパウナギを日本の養殖池で安定的に育てるためには、大事な基本的要件がある。それは、ヨーロッパの河川並みの低い水温を維持できるかどうか、という問題だった。結局、この課題はクリアできず、ヨーロッパウナギの輸入は十年余りで頓挫することになったのだが、すでに輸入されたヨーロッパウナギは日本の水辺に大量に残され、そこに定着する運命をたどることになった。それを証明するデータを、いくつかの研究機関が発表している。

けして新しいデータではないが、民間のウナギ増殖研究機関である愛知県の「いちご研究所」が平成九年と同十年に行った調査では、宍道湖《しんじ》では全体の三一・四パーセントが、三河湾では一二・四パーセントがヨーロッパウナギであったことが確認されている。東京大学海洋研究所の職員が平成十二年に発表した論文では、さらにショッキングな事実が報告されている。それは、新潟県の魚野川で採集した四十六匹の下りウナギのうち、何とニホンウナギはたった二匹（四・三パーセント）であったという調査結果だ。全体の九三・五パーセントにあたる四十三匹がヨーロッパウナギで、あろうことかアメリカウナギも一匹混ざっていたという。アメリカウナギのシラスは一時、大量にヨーロッパへ輸出されていたことがあるので、この一匹は欧州経由で日本にやってきたものと思われる。

これら数値は捕獲ウナギの遺伝子を解析して求められたものであり、充分に信用に足るもので、こうした事実が物語るのは、外来種であるヨーロッパウナギが日本各地の河川にとうに定着している実態なのである。あなたがきょう、「日本の天然ウナギはやっぱり旨い」などと舌鼓を打っているそのウナギが、本当にニホンウナギである保証はまったくない。それどころか、ヨーロッパウナギである確率のほうがよほど高いと考えるほうが、理にかなっている。さみしいことだが……。

ところで、これまでニホンウナギの産卵場所については、ほとんど謎に包まれていた。一方、ヨーロッパウナギに関しては、デンマークの生物学者、ヨハネス・シュミットが二十世紀初頭から半生をかけてウナギ研究の道に入り、ついに一九二二年、バミューダ諸島近くのサルガッソー海周辺で、体長一センチにも満たない孵化直後のウナギの仔魚を採取する。それまでに見つかったものの中で、もっとも小さいレプトセファルス（幼生）だった。これらの調査結果をもとにして、シュミットは一九二二年と二五年に、ヨーロッパウナギとその近縁のアメリカウナギの産卵場所を特定した由の論文を発表する。その内容は、「ウナギ（ヨーロッパウナギ）の産卵場所は、北緯二十二度から三十度、西経四十八度から六十五度の楕円形の海域で、一方アメリカウナギのそれはそこからやや西の北米大陸、フロリダ半島に近い海域である」というものだった。

さらに、産卵は水深数百メートルの深海で春から夏にかけて行われ、ヨーロッパウナギはこの海域で生まれて二年半から三年をかけて欧州の沿岸にたどり着き、片やアメリカウナギは約一年で北米に到達するとされた。しかし、なぜウナギがこのような遙かな回遊の旅に出るのかはいっさい語られていない。しかも、シュミット以降、大西洋でのウナギの産卵場所についての研究はほとんど進んでおらず、サルガッソー海が産卵場所だとはいっても、ニホンウナギと同様、まだこの海域で卵を抱えたメスも、ウナギの卵も見つかっていない。

他方、ニホンウナギの産卵場所についての研究は、組織的には昭和十年にはじまった。当時、農林省水産講習所に勤務していた松井魁博士が端緒を開いた。太平洋戦争による中断をはさみ、博士は昭和三十二年以降に二十匹のレプトセファルスを採取したと報告している。さらに博士は同四十三年になって、ニホンウナギの産卵場所は琉球諸島の東南東に位置する楕円形の海域、つまり琉球海溝がそれだと主張した。しかしこのあと、五十年に東大海洋研究所の白鳳丸によって、太平洋で五十匹以上のレプトセファルスが採取されるに及び、博士の琉球海溝説は否定されることになる。

その後、しばらく研究に進展は見られなかったが、平成三年に至り、ふたたび海洋研究所のチームが大量のレプトセファルスを捕獲する。最終的にその数は九百匹以上にも達し、しかもその多くが体長一センチ前後、つまり生後二週間ほどしかたっていない仔ウナギであった。発見された海域は東経百三十七度、北緯十四度から十六度で、水深は五十〜七十五メートル、水温は二十八度を示していた。そこで、この研究グループは「ニホンウナギの産卵場が日本列島より南に二千キロ、フィリピン東方、マリアナ諸島西方の北太平洋であることを突き止めた」と発表。続けて「ウナギの産卵場は北緯十四度から十六度、東経百三十四度から百四十三度の海域で、この深海で生まれた幼生は北赤道海流に乗って西に流され、さらに黒潮に乗って日本など東アジアの沿岸に運ばれる」と結論づけた。シュミットのヨーロッパウナギ・アメリカウナギの産卵場所特定から七十年、ついにニホンウナギのそれが明らかになった瞬間だった。

こうしたデータから導き出されたのが〝海山仮説〟だ。それは「ニホンウナギの産卵場所はマリアナ諸島の北東約二百マイルの地点にある三つの海山周辺」というもの。海山とは、海底火山の噴火などによってできた海の中の山で、三千〜四千メートルの海底から海面真際まで盛り上がっているらしい。三つの山は南から順に、スルガ海山、アラカネ海山、パスファインダー海山と命名されている。海洋研究所のチームの調査はその後も続けられたが、しばらくは目立った成果が挙がらなかった。しかし、平成十七年の夏になって、とうとう待ちに待った収穫がもたらされる。スルガ海山の西約百キロの地点で、孵化した直後のプレレプトセファルスが一度に数百匹も採取されたのだ。

しかも、捕獲された仔ウナギは全長四・三〜六・五ミリしかなく、これまで発見されたものの中で最小だった。耳石の解析から、これらプレレプトセファルスは孵化後わずか二日のものと判明。産卵はその二日前と推定され、海流の速度から逆算して、産卵場所はスルガ海山のすぐ近くであることが分かった。この結果が意味するのは、ウナギの産卵場所がとうとうピン・ポイントで特定されたということであり、もちろん世界初の偉業だった。海山仮説も実証されたことになり、同時にシュミットの成果をかすませてしまった。こうして、七十年にもわたるニホンウナギの産卵場所調査に、ひとまず終止符が打たれたのである。

安易な放流事業が招いたもうひとつの〝汚染〟

天竜川の現場にもどろう。捨て針の敷設を完了した片桐親子は、いったん家に帰り、慌ただしく夕食を済ませる。食後の団欒にひたるいとまもなく、夜九時にはふたたび舟上の人となり、捨て針の設置場所に向かう。舟にサーチ・ライトは装備しているが、航行中にこれを使うことは滅多にない。たとえ闇夜であっても、川の細部まで知悉している片桐は五感をレーダー替わりに、漆黒の水面に悠然と舟を走らせる。ちなみに、月のない闇夜の日には、捨て針にかかる獲物の確率が明らかに高くなるという。

漁場に着くと、いちばん下流側に据えた捨て針から順に、絵に描いたような流れ作業で、次々と仕掛けを引き揚げてゆく。スムーズに延縄の収納ができるのも、片桐の操船の妙と、それに応える尚矢の舟上での軽快な動きがあればこそなのだ。場所によっては、捨て針をテトラポッドを積み重ねた川岸近くに設置することがあり、強い流れが川岸を洗っているときなど、ロープを回収する際に舟がテトラに打ちつけられる危険性もある。親子の絶妙な呼吸が安全な漁を成り立たせているのである。

十五カ統に及ぶ捨て針の引き揚げに、結局二時間余りを要した。漁果はウナギ十八匹、ナマズ十五匹、ギギ二匹、スッポン一匹、それにニゴイが一匹。

「近年の漁にしてはいいほうです。ウナギを狙う場合、ナマズは困りものなんです。先にナマズが針にかかると、暴れてロープを引っぱってしまい、結果的にウナギが餌に近づけなくなる。ナマズが十五匹もついた割には、ウナギの十八匹は上出来です」

年々資源が枯渇する中で、それでも今夜の水揚げはまだましなほうらしい。ウナギ十八匹のうちには、一キロを超す大物が三～四匹混じっている。帰りの舟で、片桐が〝性転換〟の話の続きをはじめる。

「天然ウナギは四年生でようやく八百グラムていどにしか成長しません。これぐらいのサイ

夜に入ってからの捨て針の引き揚げ。１キロを超す大物が掛かったときは、片桐が手助けする

ズになると、八割方はメスと思って間違いありません。オスは十年たっても、せいぜい四百〜五百グラム止まりです」

メスは性転換によりその数をふやすだけでなく、体の大きさでもオスを断然凌駕する。巷では、環境ホルモンの影響でオスの魚がメス化する現象が多々報告されているが、ウナギにおいてはしぜんの状態で性転換が起こるというのだから、生き物の生態はどこまでも奥が深いと言わなければならない。

スッポンに関しては、片桐が子どものころには天竜川ではいっさいとれなかったものらしい。もともと〝泥ガメ〟の別名があるように、ダム建設以前には玉石の清流であった天竜川は、生息環境としてはキレイすぎた。川がヘドロ化したことで、ようやくスッポンが進出する余地ができたのである。何とも皮肉な話だが……。

甲板に引き揚げられた捨て針の獲物。
右手前に見えるのはナマズ

スッポンはともかく、ギギとニゴイも本来はここ（天竜川）にいてはいけない魚だ。この日は捨て針にかからなかったが、ハスもここ二十年ぐらいの間に急激にふえた〝外来魚〟だという。外来というとすぐブラックバスやブルーギルを思い浮かべるが、今日本の河川でいちばん問題視されているのは、これら二種の渡来魚よりむしろ、ギギ、ニゴイ、ハスなどのローカル（国内産）の外来魚なのである。事実、国内の地方に川の取材に出かけたとき、どの内水面の漁業者の口からも発せられるのは、決まって「琵琶湖の魚がふえて困りもの」の一句だ。現場でつぶさにその脅威に接してきた片桐に、こうなった背景を説明してもらおう。

「湖産アユの放流がそもそもの原点なんです。戦後、拡大造林やダム建設、さらには川のコンクリート護岸や生活雑・廃水や工場廃液の流入

（右）この漁獲では燃料代もままならない
（左）ときにはこんな大ウナギが掛かることも……

で、全国の河川がドブ川と化したとき、それぞれの川に固有の生態系が完膚なきまでに壊れてしまいました。特に、アユはどの河川においても釣りの対象として人気のあった魚でしたから、どこの漁協もその資源の激減に慌てたわけです」

「で、何をしたかというと、全国の内水面漁協がこぞって、琵琶湖産のアユの稚魚（湖産アユ）を取り寄せて、地元の河川に放流し出したのです。これだけでもアユの遺伝子に撹乱をもたらす重大事なのに、本当に恐ろしいことはそのあと徐々に明らかになっていきました」

片桐が指摘する脅威とは、この湖産アユが各地方の川で放流されるに際し、運搬用の酸素入りビニール袋に入れられた湖産の稚魚と一緒に、琵琶湖に棲息するさまざまな魚種の魚卵が紛れ込んで運ばれていた事実にほかならない。それら魚卵は異郷の河川で次々と孵化し、代を重ねるごとに新しい環境にも順応できるようになり、今やブラックバスやブルーギルに劣らない勢いで拡散を続けているのである。

かつて、ふる里の川にはその地方ならではの魚や生き物が棲み、多様多彩な生態系が維持されていた。しかし、自然の徹底的な改変と、全国を巻き込んでの安易な放流事業で、日本の河川はそれぞれの特徴をことごとく失ってしまった。早い話が、東北から九州まで一律にまったく同じ表情をした川になり、そこにわずかに棲む魚もほとんどが琵琶湖由来の〝外来魚〟になってしまったのである。この国にはもはや、文字どおりの山も海も、そして川も存在しない。そこにあるのは、凍りつき、干からびた幻影としての自然があるだけだ。

一九八〇年代の末、アメリカ人ジャーナリストのビル・マッキベンは、いみじくも『自然の終焉』（The END of NATURE）という警鐘の書を世に問うた。だが、私の知る限り、本気で彼の言い分に耳を傾ける日本人がいたという形跡は、残念ながらない。むろん、この国からは私が逆立ちをしたとしても、そんな人間が現れる道理はないのだが……。日本とはそのような国なのである。

ナマズのさばきはヌメリにご用心

思いの外の漁果（そう思っていたのは私だけ？）に胸踊らせて（これも私だけ？）港にもどると、時刻はすでに夜中の十二時になんなんとしていた。竹染の座敷に転がり込み、本日はこれでお開きかと思っていたら、疲れているはずの片桐が気を利かせて、とったばかりのウナギとナマズを試食させてくれるという。まず調理してくれたのがナマズの洗いだった。ナマズの実物に対面したのが数十年振りなら、その料理にありつくのも同様に三十年振りくらいの珍事であった。

片桐という男、料理の腕は超一流で何でもこなすくせに、超に輪をかけるほど頑固な性格をしていて、ナマズは洗いだけ、ウナギはウナ重しか客に出さない。今夜はその禁を破って、ウナギだけは特別に白焼きで馳走してくれるらしい。さて、ナマズである。ウナギと同様〝背開き〟にするが、庖丁は出刃を使う。天然の魚は養殖ものに比べ、はるかに骨が固いからだ。身（魚肉）の固さも言うまでもない。

（上）２カ所の目打ちも物々しいナマズのさばき
（下）ナマズの腹から出てきた美しい緑色の卵巣

ナマズをさばくときに注意しなくてはならないのは、体をおおっているヌメリだ。これは胸ビレから生じる白い液体からくるもので、ただ臭いだけでなく、いったん手についたら容易に落ちない。だから、三枚におろして皮をひくまで、いっさい水を使わず、手で直接魚体にふれてもいけない。さばく段には、ナマズの頭と尻尾の二カ所に目打ちをし、皮から切り離した身は予備のまな板に移すといった心配りが要求される。

　三枚におろすとまず、黄色い背脂があらわれるが、これは真っ先に庖丁で取り除いておく。皮を慎重にはいだら、ピンク色の美しい身をかなり厚めに切ってゆく。身以外で残すのは、卵がビッシリ詰まった卵巣だけだ。これがピンクの身と対照的なエメラルド・グリーンをしていて、さばく途中に腹の中から現れたときには、

白身というより桜色に近いナマズの洗い。魚体からは想像できない淡白な味で、じつに旨し

その鮮やかさにドキッとする。この卵巣はあとで甘辛く煮付けて食べる。切り分けた身はご丁寧にも氷水で三回洗って、よく脂を落とし、しめる。氷水に三度も通すと、ぶ厚く切ったはずの身がカッチリしまり、意外なほど薄くなってしまう。しかし、充分に洗った甲斐は如実に味に出る。

そう、川魚の生臭さがものの見事に抜け、じつに淡泊でクセのない味となる。ナマズと知らされていなければ、海の白身魚とまったく区別がつかない。魚肉の美しい桜色にもつられ、ついつい箸が進んでしまう。片桐が「酢味噌も蒲焼きもあるけど、ボクは洗いでしか出さない」とこだわる気持が、この期に及んで理解できるのだ。

素材で勝負、五千円の「ウナ重」

ウナギの白焼きは、さらにめくるめく興奮をもたらしてくれた。網で焼いている段階から、香《こう》ばしく焼ける匂いが座敷に漂ってくる。養殖もののウナギではこの芳《かぐわ》しい煙が立つことはない。網から落ちるウナギの脂が、熱で発火してまるで線香花火のようにチラチラと舞い踊っている。もったいなくも、焼き立てをワサビ醤油で、いざ試食。焼いているときの香りどおり、それはふだん食べているウナギのイメージを見事なまでに覆してくれた。香ばしさの中に微妙な甘みがあり、天然ものならではの弾力と相まって、ウナギの別次元の旨さが引き出されている。

「でも、本当に旨いのは〝下りウナギ〟。土用のウナギなどと世間では騒ぎますけど、じつは

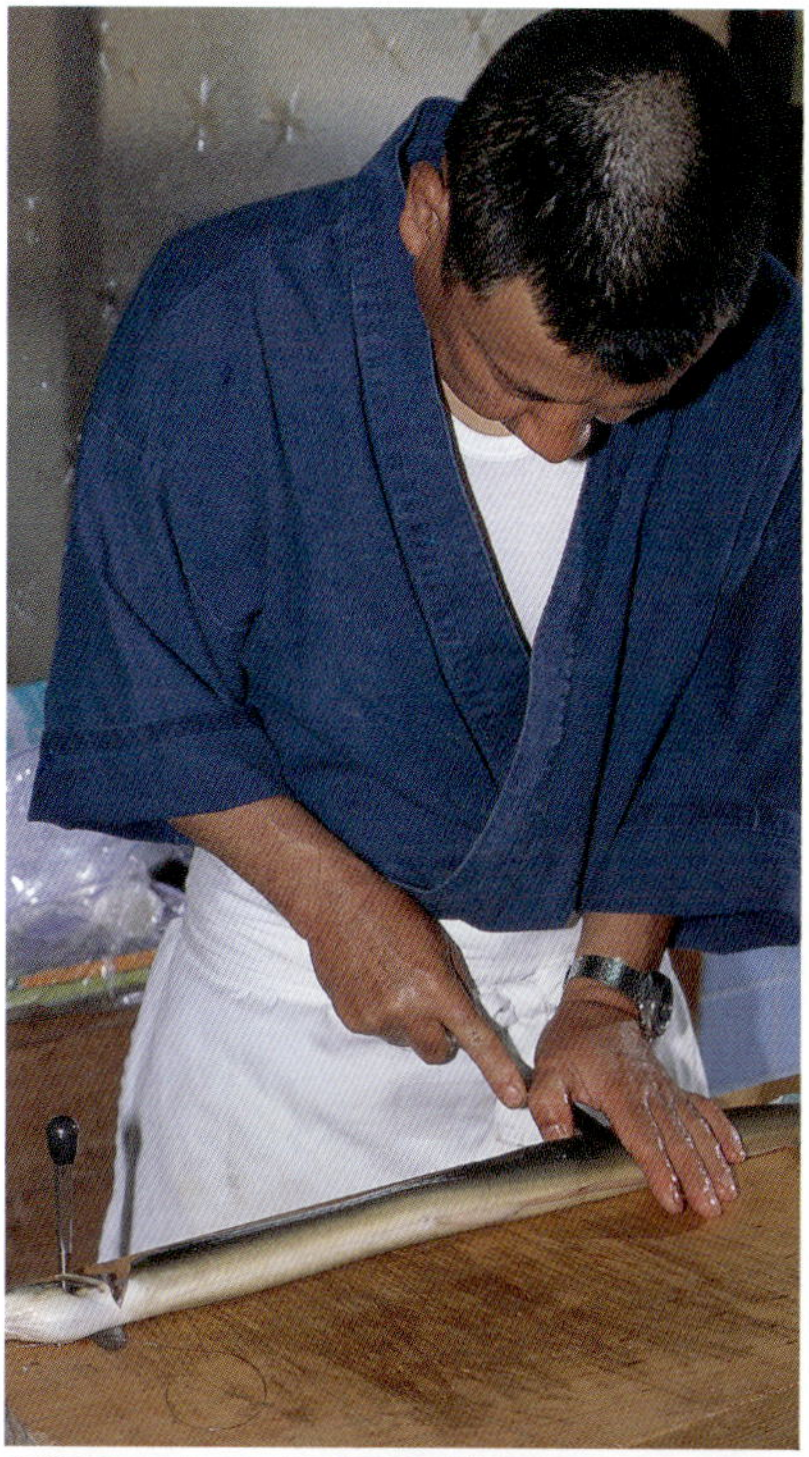

魚体の腹の黄色が天然ウナギの証。焼く段階の煙の匂いからして、養殖ものとはかけ離れている

土用が過ぎて秋風が立つころ、ウナギは河口に向けて下りはじめる。このころがいちばん脂がのっていて、焼くときの匂いからして、今ごろのウナギとは別物と思わせるインパクトがあります」

そうなのだ。天然ものというだけで驚いていてはいけないのである。ウナギにもしっかり旬があり、それは一般に考えられている夏の土用のころではなく、じつはウナギが下りはじめる秋であったのだ。

ついでだからと、片桐が恐れ多くも、この日とれたいちばんでかいウナギをさばいて、竹染の看板であるウナ重に仕立ててくれるという。

「天然ものは大きければ大きいほど旨いですから、まあ楽しみにしていて下さい」と、屈託がない。手慣れた庖丁さばきで、アッという間に背開きにすると、金串に刺してサッと火にあぶ

贅沢この上ない天然ウナギの白焼き。罪悪感さえ覚えかねない旨さだ

ごく短い蒸しのあと、特製のタレで蒲焼きを仕上げる。タレには隠し味でハチミツが忍ばせてある

る。
「表面に軽く焦げ目がつくくらいで充分。それをサッと水にくぐらせて、脂をとる。そのあと蒸しを挟んで、焼きに入る。関東風の蒲焼きです。私の蒸しはごく短くて、せいぜい五分です」
ひと口に蒲焼きといっても、その手順はけっこう細かいのである。蒸しに際しても、皮を上にして蒸すのが鉄則だ。逆に皮を下にして蒸しすぎると、蒲焼きの命である皮が落ちてしまうらしい。タレはどこの店でも秘伝のものを使っているが、竹染でももちろん片桐が暖簾《のれん》を掲げて以来の独自の調合を守っている。このタレ、ウナ重で食べたときの印象はどちらかというと甘口で、じつにまろやか。漫画『おいしんぼ』で知られる雁屋哲は、竹染のウナ重を味わって、「ちょっとタレが甘すぎるのでは?」と感想を漏

養殖ものとは同じ次元で語れない竹染のウナ重。5000円でも元はとれていない

らしたとか。

「先生には隠し味でハチミツが入っていることは、黙っていました。はっきり言って、私はタレにはまったくこだわっていません。素材ではどこにも負けないという自負がありますから。自分で搾ったニホンミツバチのハチミツを忍ばせたこのタレ、人がどう言おうと、変えるつもりはありません」

強情を張る片桐の面目躍如、といったところだ。タレはともかく、歯応え充分のぶ厚い天然ウナギの旨さは、まさに別格。餌の臭いが染みこんだ養殖ものとは明らかに次元が異なり、それと同列で評価することじたい無意味であることを、口の中の蒲焼きは雄弁に主張している。野生のシシ肉と、肉屋の陳列ケースに並ぶ薬漬けの牛肉や豚肉を同列で語ることができないのと、同じことである。

竹染ではこのウナ重を五千円で客に供している。資源の枯渇、手間のかかる漁、さらには舟の燃料代の高騰などを考え併せると、五千円でもとても割りに合わない。だから、この値段は片桐が覚悟を決めてつけた金額であり、客も相応の覚悟をして、納得づくで食べるべきなのだ。

現代の地球環境においては、もはやほとんど野生が生き残るスペースはなく、たとえ生き残っていても、とても真っ当な〝生〟を育むことができない以上、野生に過剰な期待をかけるのは酷なことである。そうと割り切れないというなら、あとはみずから体を張って漁や猟にいそしむしか手はない。あなたの命の保証を誰がするかは別の問題として……。

五章 舟上から引き抜く尺寸のアユ

尺寸の縄張りアユを引き抜いた瞬間。
舟上での友釣りには、また別の技術が
求められる

スンナリ板前への道を選んだ理由

前述したとおり、小学五年のときに里子の境遇から解放され、ふたたびふる里龍山に舞いもどった片桐は、人生でもっとも輝かしい日々を送ることになった。片桐と同世代の筆者も、自然の最後の輝きに接したひとりだ。しかし、このころにはすでに、暮らしの周辺でさまざまな異変や破壊が進行しつつあった。特に印象的だったのが、田圃に多投された農薬により、田圃はもとよりそこと水系でつながった川という川が、文字どおり死の世界に一変したことだった。

大小無数の淡水魚が腹を上に向けてプカプカと水面に漂い、そこいら中で異臭を放つ光景が日常化した。そうこうするうちに、神隠しにあったように田圃からはタニシ、オタマジャクシ、ドジョウ、各種水生昆虫が、また休日ごとにマブナ釣りを楽しんだ川からは、ウナギ、ナマズ、コイ、モロコ、ハエ、ウグイなどの魚を筆頭に、シジミ、カラス貝、その他多彩な淡水の生き物たちが、音もなく姿を消していった。これが、その後、国内のみならず惑星規模で広がってゆく公害、環境汚染の前触れだった。先進国をひとわたりなめたあと、今まさにこれが途上国で猛威をふるっていることは、衆知の事実だ。

しかし、我々の世代はまだ何とか、ギリギリで死に絶える直前の自然に接することができた。

針葉樹に埋め尽くされる前の山、ダムでヘドロ化する前の川、そしてテトラポッドと防潮堤で閉じられる前の海を知っている。針葉樹の山を間違っても〝自然の山〟とは呼ばないし、無数のダムに仕切られた水の流れない川を間違っても〝生きた川〟とは呼ばない理性（？）を、我々の世代はスレスレでそなえている。これを幸運とみるか、それともむしろ不幸な経験と感じるかは、人それぞれだろう。ただ、ひとつ確実に言えることは、これから先、人類が本気で環境問題に取り組もうとするとき（あり得ないことだが）、我々とそれ以前の世代の記憶が、何らかの指標になり得る可能性をもっているということだ。むろん、それを指標と考えるもうひとつの理性があっての話だが……。

さて、西川で至福の時を過ごしていた片桐も、いよいよ中学卒業を迎えようとしていた。高校進学は視野に入れていなかった。磐田で強制的に勉強させられた体験が、アレルギーとして体に染みついていたのかもしれない。片桐が選んだのは、板前への道だった。手先が器用で、何でもみずから工夫して作るのが好きな上に、当時、片桐の周囲にはそうなるべき環境が整っていた。

ダム建設のにわか景気で西川の町が沸いたとき、料亭「花島」もその恩恵に浴した店だった。経営者は浜松の人間で、ダムの工事開始とともに店開きし、白倉川べりに転居した片桐家の三軒上流側に暖簾を構えていた。そこの板前として働いていたのが浜松の佐藤町出身の佐藤好夫だった。片桐の姉（長女）の登美子もここで仲居をしていたことでふたりは出会い、めでたく夫婦《めおと》になっていた。

ダムの完成とともに、好夫は調理師会の親方の斡旋で富士宮の料理旅館「橋本館」へと職場を移す。片桐は義兄にあたる好夫には西川時代からかわいがられ、中学卒業をひかえて、その義兄から一緒に働くよう誘われていた。当時を記憶している登美子が、こんな風に述懐している。

「主人が声をかけると、邦雄はスンナリ応じて富士宮にやってきました。あの子は口より先に手が動き出すという性格でしたから、板前のような仕事が向いていたんです。それに、富士宮にくれば、西川で一緒に遊んでいた甥の和弘（登美子の長男）にいつでも会えると思ったのでしょう」

ごくしぜんな流れで富士宮にきた片桐は、まずは好夫のもとで見習いからスタートする。橋本館で働きはじめて一年半がすぎるころ、好夫の指示で同じ市内にあった寿司店に職場替えをする。登美子は登美子で、ふたりに負けじと焼ソバの店を市内に出し、ひと足早く大人気を博したらしい。今、「B級グルメの〝富士宮焼そば〟の先駆けでした。一日に六千円（当時）の売上げがありました」と、登美子は胸を張る。そうした三人の精励により資金の蓄えができてきたところで、自前の店をもつ計画が浮上する。竹染（本店）の誕生である。

好夫はすぐには橋本館を抜けられなかったため、新しい店はまず登美子と片桐で回すことになった。形態は寿司割烹とし、宴会もできる店の造りとした。市内にまだ十軒と寿司屋がない時代だった。二十にもならない片桐が板場をあずかったわけで、ごく若いときのこの経験が、のちの片桐の人間形成面に与えたであろう影響の大きさを想像させる。ほどなく好夫も店に合流し、竹染の黄金期がはじまる。

「多い日には、米を三斗も炊くことがありました。弟子が三〜四人いて、深夜の三時まで営業してましたから。ほかの弟子がヘマをしても、私は邦雄を叱りました。それでもヤツは泣き言ひとつ言わなかった。だから、弟子同士が切磋琢磨して、店はいつも活気にみちていましたね」

とは、好夫からみた若いころの片桐評だ。ただひとつ、片桐は若いころから朝寝坊のくせがあり、しばしば市場への仕入れに遅れることがあった。しかし、片桐の資質を見抜いていた好夫は、これればかりは大目に見ていたらしい。仕事を離れても、富士宮時代の片桐にまつわるエピソードは、いかにも彼らしいと微笑みを誘うものばかりだ。登美子の長男の和弘は西川で生まれ、家族で富士宮に引っ越すまで、片桐を兄と慕って育った。片桐がスンナリ就職先を富士宮に決めたのも、そこには弟分の和弘がいたことが大きく、「年もいちばん近く、実の弟のような存在。和弘に会いたいがために富士宮行を選んだようなもの」と、今片桐は素直に白状する。

その和弘が、片桐が富士宮に出てきたばかりのころの思い出を、なつかしげに語ってくれた。和弘は現在、富士宮市内で歯科医院を開業し、地元の歯科医師会の理事の役もつとめている。

「ある日、店が休みのときに、邦雄兄が音止《おとどめ》ノ滝へ行こう、と。隣の白糸の滝にはワンサカ観光客が押しかけている中で、彼は立ち入りが禁止されている音止の滝壺に潜って魚をとろうとする。観光客からはジロジロ見られるし、おかで見張り役のボクは気が気ではなく……。たぶん、クンちゃん（片桐のこと）は音止ノ滝に潜った最初で、最後の人間のはずですよ」

立ち入り禁止はともかく、ふつうの人間なら水温が低く、危険極まりない（音止は水勢が強いことで有名）滝壺なんぞ、頼まれても潜ることはないだろう。身体能力に特に秀でた片桐だからこそ、そんな無茶ができたのに違いない。イノシシ猟に何度も同行した感想を述べるなら、彼は常人の範疇を遥かに超えている。百キロに余るシシを易々と生け捕りにしてしまう腕力はもとより、山の急斜面を早足で数十回登り下りしても息ひとつ切らさない並外れた心肺能力と、強靱な足腰。これらはすべて、龍山で自然児として育ったが故の勲章なのだ。

破天荒なマッチョ的側面がある一方、若いころの片桐は別人のように細やかな気性を兼ねそなえてもいた。姉の弘子（四女）は、片桐が磐田の叔母のところに養子に出されていたことに本気で異を唱えた人物だが、彼女も縁あってひと足早く富士宮で社会人としての生活をスタートさせていた。のちに理髪店に嫁ぐのも、いかにも父親のうしろ姿を見て育った片桐家の娘らしい。あるとき、その弘子がこんなエピソードを披露してくれたことがあった。

「私が結婚して間もないころのことだったと思います。偶然、邦雄と私の休みが重なったとき、『姉ちゃん、夜景見物に行こうよ』と誘ってくれましてね。市街地の西に安居山という見晴らしのいい場所がありまして、そこに車を停めて、シートに座ったままで夜景を眺めたことがありました。他人から見れば、恋人同士と映ったかもしれません。邦雄は根が本当にやさしい子なんです」

こうしたやさしさの背景には、不本意にも親・兄弟と別れ別れに暮らした磐田時代の教訓があったはずである。弘子は弟が養子に出されていることを知ったとき、「兄弟八人はいつも揃っていないとダメ」と親に詰め寄った。その大切さを身をもって思い知ったのが、片桐本人ではなかったか。今、事あるごとに（なくても）一族が竹染に集まり、じつに楽しげに宴で盛りあがるのを見るにつけ、片桐の思いがその後も連綿と生き続けていることが、よく分かるのだ。

自然の浄化システムが失われた先に……

さて、天竜川の川漁は六月に入ってアユが解禁となる。餌釣りと友釣りの両方でスタートし、八月に入ると投網漁が加わる。

解禁直後はまだアユの魚体が小さく、さほど釣りの妙味はないらしい。そのせいか、今ひとつ片桐も乗り切れない様子だ。解禁から二週間ばかりすぎた六月半ば、竹染をのぞくと案の定、片桐は浮かない顔で餌釣りの準備をしている。

「ことしは特に川の濁りがひどくて……。秋葉（ダム）の上で浚渫《しゅんせつ》作業をしていて、四六時中ヘドロ混じりの水が流れてくる。もうドブ川そのもの。こうなると、アユの餌となる珪藻が石につくヒマがない。大雨がきて、石の表面を覆うヘドロをいったん洗い流してくれないと……」

片桐を憂鬱にさせていたのは、小振りのアユのせいだけではなかった。そう、釣る以前の問題があったのだ。ダムの堆砂の問題は全国の河川共通のものだが、針葉樹一辺倒の造林は一向にやむ気配はなく、そのため頻発する土砂崩れで日本中のダムは常時堆砂で（水ではない）満杯である。国民の誰ひとり、これを異常事態と思わないのだから、この国で環境問題を語ること自体、ほとんど無意味ということになる。だから、一年中平気でドブ浚《さら》い（?）をして、漁師の迷惑なぞ歯牙にもかけない役人感覚に、片桐は半ば呆れ、そして絶望していたのだ。

「たとえ大雨がきて、石の上のヘドロを洗い流してくれたとしても、こんどは友釣りができるレベルに水が澄むのに、ひと月はかかる。ダムと植林のおかげで、自然の浄化システムがまったく機能しなくなっている。これが川と思ったら大間違い。ドブそのものだ。余りにも明々白々なこの現実が、国民には見えない。ダムは造る必要があるか、ないかではなく、造ってはいけないものなのに……。今後、まだ懲りずに造ろうというなら、そのあとどう責任とるかを前もって決めてから、ゴーサインを出すべきだろう」

片桐の口からついに〝ドブ〟という言葉が出てしまった。天竜川で生活の糧を得ている人間として、これは認めたくなかったことに違いない。それだけに、ここまで本音を言わざるを得ない状況に追い込まれている現業者の発言には、何ものも太刀打ちできない切迫感がある。日本の川はとうに、魚のみならず、本来そこを住処とするはずの各種生き物にとって、ごく当たり前の〝生〟を育む場所ではなくなってしまった。それは、いたいけな彼らがみずから望んだ道ではなく、勘違いもはなはだしい〝人間さま〟の暴挙がもたらしたものなのである。

気を取り直した片桐が、どうやらダメ元で舟を出す気になったようだ。それにきょうは、かわいい同行者がいる。姪（長兄の娘）で二俣に住む小木智子の長男、ひかるが一緒に舟に乗るのだという。ひとりっ子のひかるは読書と釣りの好きなおとなしい少年で、ときどきひょっこり竹染に遊びにきては、片桐のふたりの孫の相手をしたり、運よく川舟に乗せてもらったりするらしい。こんな子どもでも（だからこそ？）、片桐の分け隔てをしない性格を敏感に感じとり、安心して〝オジさん〟との時間を共有する気になるのだろう。

舫いをとかれた舟は、件の舟溜りから二キロばかり下った流れの中でアンカーを打たれた。鳥羽山公園を半周した位置で、すぐ下手には国道一五二号に架かる鹿島橋と、天竜浜名湖線の鉄橋が重なって見える。山間部を流れてきた天竜川が、平野に出る直前で曲流する景勝地にあたり、両岸のスギ林さえなければけっこう見映えがするポイントのはずだ。河原も小砂利の堆積で変化に乏しく、おまけにきょうは濁流が茶色の帯となって渓間によどんでいる。これでは、アユのシーズン到来を心待ちにしていた片桐が意気消沈するのも、無理はない。

それでもかわいい釣りファンをガッカリさせないように、オジさんはせっせと餌釣りの仕掛をセットする。この餌釣りの仕掛けには、ウキを使うか否かでふた通りあるが、ともにコマセを餌にする点では共通している。ウキを用いる仕掛けでは、重しの下に螺旋《らせん》様の器具を取りつけ、これにコマセを絡ませる。ハリは螺旋の下部にあり、二本までの使用が許可されている。一方、ウキなしの場合は、重しの下に先にハリを結わえ、そのさらに下に小さい円筒状の餌カゴがぶら下がる格好になっている。これは〝カゴ釣り〟とも呼ばれ、この仕掛けのときも二本のハリの使用が許されている。螺旋は瀬の流れの中で、片やカゴは止まり水のところで使うのが基本だ。

ひかるに餌釣りの仕掛けを手渡したところで、片桐自身は友釣りの態勢に入る。その顔には、「とてもじゃないけど、この濁りでは友釣りは無理」と書いてある。濁りで周囲が見えないと、縄張りアユはテリトリーに侵入してくるオトリを追おうともしない。濁流の水勢が弱まるまで、大き目の石の陰に避難して、ジッと状況の変化を待つのだという。それがアユの生存戦略なのである。

色褪せた落ちアユの昔話

ところで、友釣りの実際を見る前に、〝年魚〟であるアユの短いライフ・サイクルを確認しておこう。秋になって日照時間が短くなると、メスの卵巣はしぜんに成熟してきて、川を下る（落ちアユ）準備に入る。このとき、アユを餌とする

アユの“カゴ釣り”の仕掛。餌カゴにはコマセが詰まっている

ウナギも一緒に川を下るという話を、今回はじめて片桐から聞き、目から鱗が落ちる思いがしたものだ。そう、ウナギはそのライフ・サイクルをアユに合わせることで、種を維持してきた。逆に言えば、餌になるアユが減れば、おのずとウナギの〝生〟も危ういものとなる。清流の魚であるアユが、ヘドロ化した天竜川に棲むことじたい奇跡に近いことだが、これが将来も続くという保証はない。いつか天竜川からアユがふっつり消えるようなことがあれば、それは同時にウナギが消滅することを意味するのである。生態系とはそういうものなのだ。

　秋に川を下ったアユは、河口から上流十キロ圏内の汽水域で産卵行動に入る。そこにはアシが生えていることが絶対条件で、いくら清流が保持できても、この産卵場所を失ったら子孫を残すことは不可能となる。事実、天竜川でもヘドロ化に加え、この産卵場所が大幅に減少したために、天然アユの遡上が激減しているのである。そこに湖産アユを大量放流すれば、従来の生態系がいかに乱されるかは、素人でも容易に想像がつこう。川は単にそこに水さえ流れていればいいというものではなく、水質が水生動物（魚をふくむ）の生存を可能にするレベルに保たれ、しかも流域の最低限の自然環境が保持されてはじめて、川と呼ばれる資格を有するのである。翻って、この国にいくつ「川と呼べる川」があるだろうか。

　産卵を終えた新アユはその場で息絶え、片や産み落とされた卵のほうは十三日で孵化を迎える。稚魚はソロソロと川を下り、河口付近の海で冬をやり過ごす。

「こうしたポイントにアユやウナギが集まるのは、水温が比較的高く、しかも安定（一定）しているからなんです。アユの稚魚はここで浮遊性の海産ワムシ（動物プランクトン）を食べて成長します。でも、河口沿岸のこうした場所も、アユにとって年々棲みにくくなってきました」

その原因として、片桐はまず海岸の侵食と、それに伴う無軌道な護岸工事を挙げる。侵食の元凶がダムや砂防堤にあると分かっていても、この国ではそれが問題化することはいっさいない。海岸線の砂がなくなれば、テトラポッドで補えると高を括っている。そこを生存の場としている生き物や、景観を損なうことへの配慮など、まるで意識のうちにないのである。じつに理路整然としており、迷いがない。それでいて、日ごろは「持続可能な国民生活」などとトンマな高説を垂れているのだから、始末におえない。

それはともかく、河口地先の海で冬を過ごすアユの稚魚たちは、もうひとつ現実的な脅威にさらされている。漁船が繰り出すシラス網である。片桐によれば、この網ですくわれるシラスのうちの三分の一はアユの稚魚だという。豊かな自然が天竜川に維持され、放っておいても天文学的な数の稚魚が孵化しているならともかく、ここまで劣化した環境のことを考えると、河口水域でのシラス網漁の規制もしくは禁止を、即刻検討すべきだろう。天然アユを珍重するグルメの方々には、まずまっ先に立ち上がってほしいものである。

さて、危うくシラス網から逃れた稚魚たちは、春を待って生まれた川への遡上をはじめる。こんどもまた、道連れは天敵のひとつであるウナギである。遡上するアユの餌は海産ワムシから、水生昆虫や淡水系のプランクトンへと移る。あるていど成長し、遡上を終えるころには、餌はさらに川石の表面につく珪藻へと変化する。珪藻は単細胞の藻類で、ケイ酸をふくむ細胞膜をもつ。

「自然の摂理とは大したもので、このころ（早ければ五月中旬）になると、しぜんにアユの歯がこぼれ落ちる。石につく珪藻を食べるには、歯はかえって邪魔になるんです。彼らは産卵期まですっとこの珪藻を食べて命をつなぐのです」

卓越した自然観察者である片桐ならではの解説だが、こうしたアユの生態を知るにつけ、ヘドロ化した川がいかにアユの生存を脅かしているか、如実に理解できるのだ。ヘドロは珪藻の発育を阻害し、それに頼って生きるアユの成魚の運命を左右している。アユの余りにも短く、いたいけな運命を、人間が完璧に握っているのだ。よくもまあ、「サステイナブル」などと戯言《ざれごと》を抜かすものである。環境論者が御託を並べている間に、現実は取り返しのつかない〝先の先〟へと進んでしまっている。

「ダムのない時代には、秋になると三十センチを超す落ちアユが、文字どおりゾロゾロと流れを下ってきた。今では、そんなアユには出合いたくても、出合えない。生物の進化は、もうとっくに人間の手によって絶たれてしまったのです」

重い言葉である。こうした巨大（?）な落ちアユの話は、以前ならどこの川でも聞くことができた。しかし戦後、全国の河川に充分ダムが行き渡ったおかげで、もはやけして耳にすることのできないエピソードになってしまった。今となっては、巨大な落ちアユは昔話の中でしか生きられないのである。私の取材の主たるフィールドである宮崎県の県北には、椎葉村の県境の山を源流とする耳川《みみかわ》が流れている。三十年も前、はじめて耳川河口の村々をたずねたとき、そこの古老たちが熱く、しかも絶望的に語ってくれたものだ。

「落ちてくる大きなアユが、まるでゴロゴロと音を立てるごとく、川いっぱいにあふれていた。藩政時代には江戸に送られ、明治になってからは皇室に献上されました。私たちは親しみをこめて〝那須の山太郎〟と呼んでいました。それが今では……」

那須とは椎葉地方(入郷)の古称である。ダムのない時代には、アユは急流で鳴らした耳川を百キロ近くも遡上して那須の山峡に至り、秋にはサバと見まがうまでに成長して下ってきた。そのいじらしい姿を見て、下流の住民たちは那須の山から落ちてくる秋の使者になぞらえ、那須の山太郎と愛称したのである。ちなみに、明治四十年に書かれた「西臼杵郡椎葉村是」によれば、アユの生産高(水揚げ)は三千百五貫(約十一・六トン)とある。その後、耳川には天竜川同様たくさんのダムが造られ、アユの長旅も昔語りとなり、寸断された流れは随所でよどみ、旧日の面影はまったくない。そういえば以前、取材で伊那地方を歩いていたころ、やはり年輩者たちが落ちアユの思い出をなつかしそうに語っていた。ダムさえなければ、アユは遠州灘の河口からはるばる県境をこえて、伊那谷の奥地にまで遡上していたのである。

話を名人の友釣りにもどす。じつは、アユの友釣りに関しては、どの地方にも「我こそは日本一の釣師」と豪語する太公望がかならずいるから、面白い。アユは東アジアの特産種の淡水魚で、一属一種(アユ科)である点も興味深い。昔から香魚と美称され、早くも万葉集の中に登場する。

友釣りがいつごろから行われていたのかはっきりしないが、いかにも手先の器用な民族である日本人が編み出しそうな漁法である。宮崎・小丸川の川漁師、松本武志は「日本にしかない、日本人の釣り。友釣りは人生にも匹敵する」とまで言い切る。もちろん、松本も自身のことを日本一の友釣り師と自画自賛して、ちっともはばからない。

松本は美郷町南郷区（東臼杵郡）に住み、漁に出ない日には、妻とともに町中で仕出し屋「まつもと」を切り盛りする。漁の基本は片桐と同様、ウナギとアユで、ウナギの漬け針には副産物としてスッポンとコイがかかる。狩猟はやらない替わりに、小丸川から一年中川の恵みを得ている。正月のオイカワ（白ハエ）にはじまり、エノハ（ヤマメ）、ウナギ、スッポン、コイ、アユ、イダ（ウグイ）、カマツカ（川ギス）といったラインナップだ。

「ある本の作者が言っていました。家庭崩壊の原因の第三位が女、二位が博打《ばくち》で、一位は友釣りだと。順位は快感の度合いの差、なのだと。なるほど、と思いました」

断っておくが、松本に関しては、その夫婦仲のよさは周囲のみなが羨むほどで、友釣りが家庭崩壊を招き寄せている前兆は、今のところどこにも見当たらない。あるとき、この松本に小丸川の友釣りを見せてもらったことがあるが、日本一を豪語するだけあって、その祖父譲りの繊細なテクニックはなるほどさすがと、唸らせるものがあった。「釣ろうとする気でいると、逆に釣れない。気を消すんです」と、その境地を語っていたものだ。

深遠極まりない〝日本人の釣り〟

今回（六月）もふくめ、片桐の友釣りには四回付きあった。一度目は七月十九日、二度目が八月二十日、そして最後が九月十三日だった。七月十九日は台風通過直後であったため、いっさい竿を入れることができず、急きょ捨て針漁に切り換えたものの、ウナギの釣果は今いちだった。さいしょから期待せずに舟を出した初回の友釣りも、片桐の予測どおり、ほとんどおとりに向かってくるアユはなかった。それでも、名人の最低限の仕事というべきか、四時間で何とか七尾だけはかけた。ひかる少年の餌釣りには、ついぞ一匹もアユは食いついてこなかった。やはり、川の濁りがアユを近づけなかったのだ。

片桐が友釣りの真骨頂を見せてくれたのは、八月二十日の三度目のときだった。このころはまさに友釣りの佳境を迎え、川の状態も比較的安定しているように見えた。

その日、舟はいつもとは逆に流れを五百メートルばかり遡り、下流にある穏やかな瀬とは比べものにならない本格的な早瀬の落ちがけに、片桐はアンカーを入れた。左岸は高さ三十メートルほどの崖になっていて、連なる尾根に二俣城址があるはずだ。一方、右岸には広大な砂利の河原が広がっていて、太公望が三～四人、水際から精一杯長い竿を流れに向かってのばし、アユとの駆け引きに余念がない。

同じ友釣りでも、片桐のそれが一般の太公望の釣りと決定的に異なるのは、片桐は広い流れの中央に自在に舟を停め、これはというポイントに思いのままにおとりを侵入させることができる点だ。当然のことだが、岸辺に群れるアユと瀬のまん中で縄張りをつくるアユとでは大きさに雲泥の差があり、私は今回の取材を通して、その違いを実感した。それは趣味のアユ釣りと専業漁師の職業としてのアユ釣りの差とも言うべきもので、このあと片桐が次々と釣り上げるアユの型のよさに、私は度肝を抜かれた。

ところで、片桐が友釣りに使う竿は五間（約九メートル）のカーボン竿で、重さはわずか二百五十グラム、つまりアユ二匹分の目方しかない。小丸川の川漁師、松本が使う竿と同じタイプのものだ。友釣りの仕掛けについては細かくふれないが、オトリを使ってまんまと縄張りアユを引き寄せ、裸のカケバリに見事その縄張りアユをヒットさせるアイディアは、松本が言うとおり、じつに繊細、かつ高度に洗練されている。

さまざまに凝らされた友釣りの工夫のなかで、「なるほど」と唸《うな》ってしまうのが、おとりアユに打つ〝ヘソバリ〟（サカバリ）だろう。アユのヘソ（腹）に刺されるこの小さなハリが、友釣りではじつに大きな役割を果たしている。

ヘソバリは、たいがいハラビレの前端あたりに打たれ、そのすぐ前方、ムナビレ寄りには肛門（フン出し）がある。ハリスはハナカンを経由してここへソバリにのび、これの下に本来のカケバリがセットされる。縄張りアユは侵入してくる〝ヨソ者〟を見つけると、猛然とその肛門目掛け

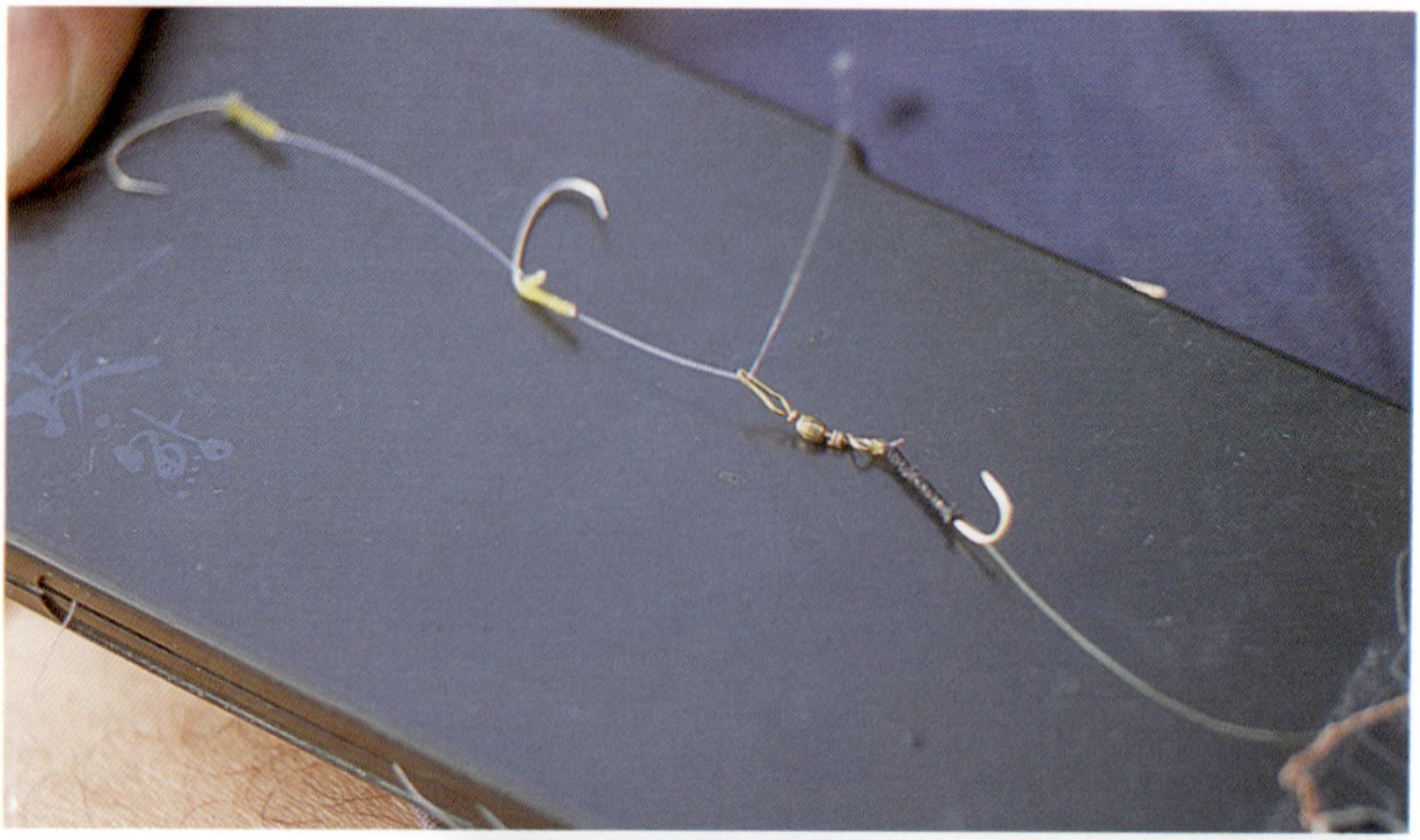

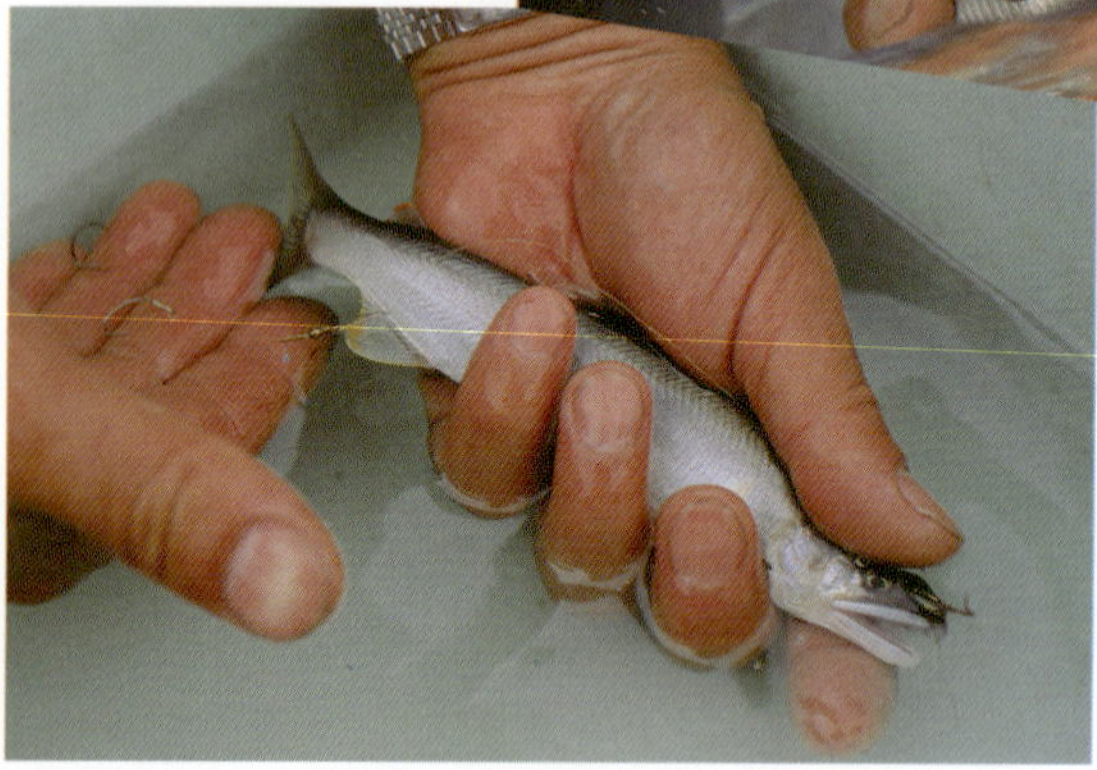

友釣り独特のヘソバリは、アユの腹の皮に軽くひっかかるようにセットする

て突進する。この習性を利用して縄張りアユを捕らえるため、ヘソバリの位置にハリスを経由させ、そのすぐ下にカケバリを配置する必要があるのだ。ヘソバリはカケバリの役割を果たすわけではないので、いたって小型で、アユの腹の皮に軽く引っかかるように刺しておく。カケバリが突進してきた縄張りアユの体のどこかにかかると、ヘソバリはアユの腹の皮を切って外れ、ハリスの遊びが大きくなることによって、カケバリにかかった縄張りアユは逃れられなくなるのである。

カケバリの組み合わせがまた、じつに面白い。友釣りに使うカケバリにはふたつのパターンがある。ハリの元を何本かまとめて結わえてつくる〝イカリバリ〟と、ハリスに添ってタテにカケバリを連ねる〝チラシバリ〟だ。イカリバリでは組み合わせるハリの本数に制限はないが

縄張りアユの背中に見事にヒットしたカケバリ。これが友釣りの理想の"釣れ方"だ

（そのかわり一段のみ）、チラシバリの場合には三本までと決められている。ハリを多くつければより釣れやすくなるかといえば、いちがいにそうも言えないらしい。ハリをふやせばふやすほど、根掛かりをおこす可能性は高くなる。単バリ（一本バリ）で充分なこともあり、その日の〝当たりバリ〟を見極められるか否かが、釣果の多寡を左右する。

友釣りが未経験の私がその実際を見てもっとも感心したのが、カケバリのパターンやそれに使うスレバリ（掛かりのないハリ）の本数ではなく、ヘソバリとカケバリとの間の長さ（間隔）だった。片桐が使う仕掛けでは、カケバリはたいがいヘソバリの下七〜八センチのところにセットされている。

「この間隔がじつに微妙なんです。これが短すぎるとカケバリがアユの頭にかかってしまい、逆に長すぎると腹にかかってしまう。背中にかかるのが理想で、そうなるように釣師は工夫しています。（カケバリが）背中にかかったアユは肉体的ダメージが小さく、そのあとすぐオトリに使った場合、おのずと長持ちするというわけです」

片桐の解説を聞いて、改めて友釣りの深遠さに気づかされる。宮崎の松本が、「友釣りは人生にも匹敵する」と叫ぶのも、むべなるかなである。これを「日本人の釣り」と言い切っていいのかどうかは分からないが、たしかに生き物の生態を知悉していないと生まれないテクニックであることは、よく理解できた。その上で、私は片桐の〝実技〟を目の当たりにすることになったのだ。

アユと川鵜の見過ごせない関係

八月二十日、幸運にもこの日は曇天で、無防備な川舟の上にいても、夏の陽射しに焼き尽くされることはなかった。

勢い込んで竿を入れたものの、最初は当たりが鈍かった。しかし、片桐は先刻そのわけを承知していた。前日、前々日とイサザ漁（後述）に忙しく、その間生簀《いけす》に入れっぱなしだったオトリアユが、相当へたばっていたのである。余りにも瀬の流れが強いため、弱ったアユでは川底に潜っていられず、片桐が〝水上スキー〟と表現する状況、つまり流れの表層に浮かぶ状態に陥っていたのだ。そこで、「ちょっとかわいそうだけど」と言いつつ、重しを少し重いものに取り替えた。重しの重さで強制的にオトリを浮かんでこないように仕組んだのである。ちなみに、重しはハナカンの上三十センチぐらいのところに配されており、ふだんは二・五〜五号（八〜十八グラム）の間のものが使われている。

十五分ぐらい苦戦したところで、やっと待望の一匹目が抜き上げられた。あえて「抜き上げる」と表現したが、片桐の舟を利用しての急瀬での友釣りを見ていると、こんな形容がもっともふさわしく思えるのだ。それは、岸辺から悠長に糸を垂れ、太公望然と構える友釣りとは根本的に別のものなのである。

「けしてテグスをふかさない。常に糸を張りつめた状態にしておく。アユがかかっても、特にそれに合わせて引いたりはしない。糸が緩まないように気をつけ、無理に引き寄せもしない。水の抵抗がすごいから、無理すればかならず糸は切れてしまう」「かかったアユは水中で舟に近寄せ、竿を立てるようにして、タイミングをはかって一気に舟上に引き抜く。引き抜いたら、二度とそのアユを水中にもどさない。アユ針にはかかりがないから、水面で獲物をバウンドさせたりすると、その拍子に針から外れる恐れがあるんです」

　じつに理にかなった竿のコントロール、また高度なテクニックと言うべきか。いったん、生きのいいオトリがかかってしまうと、あとは面白いように当たりが続いた。片桐の口からは、「追ってる、追ってる」の連呼がかまびすしい。オトリが自分のテリトリーに入れられて、興奮した縄張り

友釣り用のカーボン竿を握る片桐の右手。シシの生け捕りとは対照的なセンスが要求される

アユがオトリを〝追っている〟、と言っているのである。テグスから竿に伝わる感触で、オトリの動きはすべて把握できるらしい。オトリが縄張りアユに追われて嫌がるのはもちろんのこと、ヘソバリが外れているのさえ、指の感覚ひとつで判断できるという。

新しいアユがかかるたびに、片桐はそれをオトリに回し、確実に釣果をあげてゆく。舟上に引き抜くアユは、どれも三十センチクラスだ。ヘドロの川でよくぞ、と感心する見事な魚体ばかりである。だが、片桐にしてみれば、この状況でもけして納得がいくものではないらしい。

「昔は〝ひと引き一匹〟というくらい釣れたものです。竿を入れるたびにかかったということです。私の記憶でも一日に百三十八匹釣ったことがあります。今ではどんなに頑張っても六十匹に届きません(ちなみにこの日は三十匹)。友釣りの基

250グラムのカーボン竿を指で握り、そこに全神経を集中させる

本である縄張りアユが減ってしまっては、まともな漁はできません」

縄張りアユが減った第一の原因は、これまでに書いたように、環境の劣化であることは言うまでもない。ヘドロに覆われた川石にはアユの餌である珪藻がつかず、アユがそこに縄張りをつくる理由がない。つまり、アユが縄張りをつくるか否かは、食べ物（珪藻）の有無にかかっているのだ。さらに片桐は、縄張りアユが減った原因のひとつに意外なものを挙げた。カワウ（川鵜）である。十五年くらい前から急にふえだしたカワウを恐がって、アユが積極的には縄張りをつくらなくなったというのだ。縄張りにこだわって狭い陣地から外に出ようとしないアユは、カワウの格好の標的になってしまうらしい。ウが水中の魚を捕らえる巧みさは、〝鵜飼〟のウを例に持ちだすまでもないだろう。

じつは、全国的にはカワウの異常繁殖は三十年も前からはじまっている。琵琶湖などで広い水面をまっ黒に覆うウの群れを目にすると、風流をとうに飛び越して、身の毛のよだつような恐怖感にさいなまれる。琵琶湖の固有種が全国の川の生態系に取り返しのつかないダメージを与えているように、各種野鳥が全体的には激減する中で、ひとりウだけが異常増殖を続けている。空の生態系も深く病んでいるのである。すべては自然のサイクルを徹底的に破壊した人間の責任なのだが、この無責任なホモ・サピエンスはみずから犯した大罪にまるで気付いていない。ラテン語のホモ・サピエンスの意味は〝知性人・叡知人〟のはずだが、今やこうした解釈はまったくのお門違いであったことが、はっきりと露顕してしまった。

極め付きの蘊蓄話と尺アユの塩焼き

それはさておき、コンスタントに大型アユを引き抜きつつ、名人は舟上で次々とアユにまつわる飛び切りの蘊蓄《うんちく》を傾ける。

「アユの縄張りはせいぜい直径一メートルぐらいの広さ。いい場所にはおのずとアユが集まってくるから、縄張りが重なってしまい、一日中争っている。アユ同士気が立っているから、そこにオトリを入れてやれば、猛然と追いかけてきて、すぐカケバリにかかってくれる」「いい場所なら、オトリが水上スキー状態で泳いでいても、縄張りアユは突っかけてくる。舟のエンジン音が釣りの邪魔にならないかって？　彼らは音にはまったく無頓着。アユが嫌がるのは、何者かが水の中に入ってきて、周囲の石が動かされること。これが彼らにとって恐怖なんです」

「ひと口に瀬といっても、水の流れは川底の石の配置により大きく波打ち、高低をつくる。縄張りアユは大き目の石の下側に身を隠し、水流に押し流されないようにみずからの勢力範囲を守っている。水の膨らみを見て石の存在を予測し、同時にその下に潜むであろう縄張りアユに向けて、オトリを侵入させるわけです」「今、ここで縄張りをつくっているのは、まっ先に遡上してきた優勢群のアユたちです。同じ年魚のアユでも、浅瀬で群れているアユとは大人と子どもぐらいの差ができてしまっている。アユの数が多い年には、縄張りアユが釣り上げられたその場所に、すぐ次のが入り込む。珪藻を求めての生存競争は熾烈《しれつ》です」

「小アユのころはオスとメスの見分けがつきにくいけど、大きくなると性差がはっきりしてくる。シリビレの形がオスは細長く、片やメスは寸詰まりの三角形になる。ふたつの三角定規を思い浮かべれば、分かりやすいかも」「今の時期（八月半ば）、オスのほうが体がでかくて、元気。九月十日前後になると、途端にオスはスタミナ切れをおこすので、こんどはメスがオトリの主役をつとめる。秋になって日照時間が短くなると、しぜんにメスの卵巣が発達してきて、産卵場所に向かって川を下る準備に入ります」「落ちアユでも縄張りをつくるけど、さすがに腹の大きくなったアユには早瀬は無理。瀞《とろ》場に集まってくる。釣ったときの感触は、まるで濡れ雑巾を引き上げるような感じ……。このころのメスは本当に旨いですよ」

これが達人の、達人たる所以だろう。現場に長く身を置いた人間でしか知り得ないようなエピソードが、尽きせぬ泉のごとく次から次へと沸き出してくる。それでも、けして釣り糸への神経は切らさない。頭とは別に、指の感覚が独立して働いているに違いない。

こうして名人は、正味四時間で三十尾のアユを釣り上げた。否、引き抜いた。それもすべて尺クラスの大物揃いだ。一日で百三十尾以上も釣れた昔とは比べるべくもないが、瀕死の川の釣果としては上出来だろう。下船する片桐の表情からは、「まあ、いいとしよう」といった思いが読みとれた。

竹染にもどったところで、捕ったばかりの尺アユを塩焼きで食べさせてくれるという。もっと

も脂がのった時期のアユでもあり、食べる前からその旨さは容易に想像できた。串に刺した尺アユが炭火にかざされてほどなく、炭の上に落ちる脂の音に混じって、えも言えないアユの焼ける匂いが座敷に漂ってくる。香魚とはよく言ったものである。魚の匂いでありながら、どこか清流の水辺に咲くヤマユリの花の香を思わせる。

天然ウナギもいいが、天然アユもまたいい。旨さの極みは、なかなか言葉では言い表わせないものだ。ここはただ、「ウーン、ウーン」と唸るしかない。それにつけ、天竜の川底がまだ玉石で輝いていた時代のアユを、いやが上にも想像してしまう。これ以上の旨さとは、いったいどんな旨さなのか。見果てぬ夢とは知りながら……。

大皿に豪快に盛られた尺アユの塩焼き。“罰当たり”の声を聞きつつ賞味した

六章

十升の蜂蜜を約束するシイの花

手に握りやすいように砕かれた巣板。
片桐はこれを掌に包み、力まかせに
中から蜜を搾りだす

夏と秋、和と洋で異なる蜜の味

アユの友釣りが本格化する時期は蜂（養蜂）の繁忙期に重なる。つまり、七月下旬ごろから八月にかけて、養蜂の一年の集大成ともいうべき採蜜が行われる。

商業養蜂のセイヨウミツバチとは異なり、ニホンミツバチでは採蜜は年一回というのがふつうだ。これまで私は、全国各地の和蜂養蜂が盛んな土地をたずねてきたが、ニホンミツバチで年に二回以上採蜜をする養蜂家に出会ったことはない。蜜源が豊富な場所（主に平地）を選んで巣箱が設置されるセイヨウミツバチとは違い、一般的に花畑とは無縁の山間部に巣箱が置かれるニホンミツバチであれば、もとより集められる蜂蜜の量には限りがある。一群あたりの蜂数が少ないことも、貯蜜量の差をつくる一因かもしれない。

採蜜の時期に関しては、土地土地の条件によって夏、もしくは秋に搾るのがふつうだ。春から夏にかけての蜜源（花）が豊富な土地では夏に採蜜が可能となり、そうでない土地では採蜜を秋まで待たなくてはならない。もうひとつ採蜜時期を左右するのがスズメバチの存在だ。これについては、片桐自身に語ってもらおう。

「九月の半ばすぎになり、青虫がいなくなると、彼ら（スズメバチ）は蜜蜂の巣を襲うようになる。このあたりは、キイロスズメバチよりもオオスズメバチが主流。秋に巣箱を荒らされたくなかったら、夏に採蜜するしかないんです」

私が四半世紀通っている宮崎の県北地方においては、海岸寄りの土地では夏に採蜜（夏蜜）するケースが多く、山間の椎葉（村）などではほぼ例外なく秋に採蜜（秋蜜）する。椎葉にスズメバチがいないわけではなく、巣箱が彼らに襲われる危険性を承知の上で、山の民は秋蜜に賭けるのである。事実、毎年いくらかはスズメバチの被害を受けるが、それは最初から想定内のことなのだ。仮にスズメバチの襲来がなくても、蜜源の少ない椎葉あたりでは、夏にはまだ採蜜できるほど巣箱に蜂蜜は蓄えられていない。だから、スズメバチの襲来の有無にかかわらず、採蜜は秋と決めているのである。

ひと口に蜂蜜といっても、夏蜜と秋蜜とではだいぶ見た目も、味も違う。夏蜜は一般に糖度が低く、清涼飲料水を思わせるサラッとした味わいが特徴。糖度が八十度に達しない場合には、瓶詰めにしたあと、往々にして発酵する。セイヨウミツバチの夏蜜と比べると平均二度くらい糖度で劣るが、それは働き蜂の総数が少ないために、花蜜の乾燥に時間がかかるからだ。内勤蜂の口吻を使っての濃縮作業を経て、はじめて高い糖度に達するのである。ちなみに、外勤蜂たちが各種の花から集めてくる花蜜の糖度は、せいぜい二十〜三十八度前後と言われている。花の種類や花にふくまれていたときの水分含有量によって、花蜜の糖度にはかなり幅が出るのである。

一方、秋蜜の場合、巣房に蓄えられた蜂蜜は晩夏から秋にかけての乾燥した天気をすごすことで、蜂蜜中の水分が徐々に蒸発し、糖濃度の高い蜜になる。晩秋に採蜜する蜂蜜だと、だいたい八十度くらいに達している。さらに冬越しをする過程で、八十三度ぐらいまで糖度は上がるらしい。よく寒い季節に瓶の中で固まった蜂蜜を目にするが、それは水分の含有量が少ない秋蜜でしばしばおきる現象なのだ。

秋蜜は夏蜜と比べはるかに濃厚で、その味わいはとても同じ蜂蜜とは思えないほどである。フレッシュな夏蜜には夏蜜のよさがあり、またリッチな秋蜜には秋蜜の楽しみ方がある。セイヨウミツバチの蜂蜜との比較でいえば、ニホンミツバチのそれは複雑かつ上品な味わいの中に、微妙な酸味が感じられる点を挙げたい。言葉では表しにくいわずかな違いだが、いったんこれを口にふくむと、夏蜜と秋蜜の差以上に別ものの感がする。

「うちの蜂たちの蜜源は九割方がシイとドングリの花ですね。シイの花は春から初夏にかけて、ドングリはそのあとに続きます。このあたりではほかに花らしい花がないため、秋蜜はまったく期待できません。だから、スズメバチの存在とは関係なく、ボクは夏に蜜を搾ります」

春の分蜂以後に何度か竹染をたずねているが、そのたびに印象づけられたのは、静岡県の海岸沿いにはつくづくシイの木が多いということだった。初夏のころ、東名で厚木（拙宅の最寄りインター）から浜松方面に向かうと、沼津インターをすぎるあたりから、車窓には樹冠がこんもりクリーム色の花房でおおわれたシイの大樹の林が連続する。多くは、不毛の植林（つまりスギ林）の周囲を縁取るように残るささやかな雑木林にすぎないのだが、花の装いをした途端に、じっさいの何倍もの面積に見えるから不思議なものだ。

なるほど片桐が言うとおり、竹染の周りにはシイとカシ系の樹木を除けば、ほとんど花の咲く木は見当たらない。南面する鳥羽山公園にしても、店の北側にある二俣城址にしても、斜面の大半はスギに埋め尽くされている。春、分蜂の際に、「蜜源におのずと限界があるので、蜂群の数もしぜんに決まってくる」と語っていたのは片桐だが、結局ことしは新たに六群の分蜂群をつかまえ、うち一群だけが逃去した。

採蜜は蜂たちの食糧分を逆算して

片桐にその採蜜を見せてもらったのは、天竜川の増水のためにアユ漁ができず、陸で待機していた七月十九、二十日のことである。

「私は分蜂で手に入れたその年の新群からは、蜜を搾らないことにしています。いくらシイの花があるからといっても、春からの三カ月ていどではとても巣板が充分に成長しません。だから、ことし搾る巣箱はすべて、蜂が営巣しはじめて二年以上たったものです」

そう語りつつ、片桐は鳥羽山公園の裾野に据えられた巣箱のひとつに近づいた。面布を頭にかぶり、手には燻煙器をもち、狙いを定めた巣箱に蜂の出入口から煙を吹きかけた。蜜蜂がおとなしくなったところでおもむろに前蓋を開けると、天板から底板まで透き間なく巣板が詰まった内部が現れた。「目一杯巣板が詰まっているときは、十升でも蜂蜜がとれることがありますよ」と片桐から聞かされていたが、これならたしかに十升は軽いかもしれない。

巣板の数はちょうど十枚で、向かって右側の巣板ほど色は淡く、ほとんど白に近い色味を呈している。左から順に巣板が成長してきたことが、一目瞭然だ。ニホンミツバチはプロポリスを集めないので、もともと巣板の色は淡く、柔らかい性質がある。夏が近づき気温が上昇すると、巣板がしぜんに崩れ落ちる現象もおきる。片桐はステンレス製のヘラを使い、右側の巣板から順に手際よく切り取ってゆく。一枚一枚の巣板は巣箱の天板にガッチリ固定されているが、巣板どうしは特に接着されてはいない。巣板上部の貯蜜圏がしばしばくっついているのを見かけるが、これは蜜蜂たちが施した落下防護策ともいうべきものだ。

片桐が巣板を切り離すたびに、箱の中にいた親蜂たちはノロノロと左側の巣板へと移動を繰り返す。煙の効力で蜂の動きが緩慢になっているのだ。外勤蜂は巣の外で働いているとしても、今この巣箱には少なくとも数千匹の内勤蜂がいるはずで、それが黒い塊まりとなって移動する図は、なかなか迫力がある。最終的に片桐は七枚の巣板を切り取り、三枚はそのまま箱に残した。

「本来、夏蜜の場合にはぜんぶ巣板をとっていいのですが、このあたりは秋の蜜源が少ないため、越冬用に三枚残したのです。秋蜜をとる地方では、巣板のせいぜい半分しかとらないですよ」と、片桐。

たしかに、秋採りの伝統を守る宮崎の椎葉では、どの養蜂家も越冬する蜂たちのためにけして

巣板の形、また並び方は巣箱によって微妙に異なる。左の巣板では、六角形のハニー・カムがくっきり見える

新しく形成された若い巣板ほど
色は淡く、かつ柔らかい。気温
の上昇で落下することもある

欲に走らず、たっぷりの巣板をブンコに残していた。もし、越冬直前の採蜜で巣板をとりすぎたりすれば、冬の間に間違いなく食糧（蜂蜜）の不足をきたし、蜜蜂たちはたちまち餓死し、蜂群の崩壊を招くことになる。

世界的に起こっている蜂の失踪事件

ところで、九州では数年前からニホンミツバチの養蜂家の間で、蜂群の原因不明の失踪が話題になっていた。一昨年（平成十九年）には、ニホンミツバチが主として営巣する山間地からほぼ完全に姿を消してしまった。椎葉の伝説的養蜂家、那須久喜のところでも、ふだんなら少なくとも数十箱は採蜜するところ、この年はついにひと箱も収穫はなかった。収穫どころか、蜂が山からすべて消えてしまったのだから、事は深刻だった。当時、那須は私に電話をよこし、「父祖代々続けてきた養蜂も、これで終わりです」と、観念したような声を絞り出していたのを覚えている。

ニホンミツバチはもともと広範な耐病性があることで知られ、セイヨウミツバチにしばしば大被害をもたらす腐蛆《ふそ》病、チョーク病、そしてミツバチヘギイタダニ等による明らかな実害報告は、これまで一度も聞いたことがなかった。しかし、九州でのこの異変は、「ブンコから飛び立った親蜂がすぐ失速して地面に墜落したり、飛び立ったまま帰巣しなかったりで、あれよあれよという間に姿を消してしまった」という現場の声から判断すると、やはりそこには何らかの病気が影響したと考えるのがしぜんだろう。

決定的な原因が分からないままに、そのころ養蜂家の間にはさまざまな憶測が流れた。大陸からの酸性雨説、電磁波説、温暖化説、ウイルス説、農薬説、蜜源の減少説などなど。不思議なことに、ニホンミツバチの失踪・消滅の報告は九州のみに限られ、本州へは飛び火しなかった。

そうこうするうちに、いったんは壊滅したかと思われたニホンミツバチが、平成二十年のシーズンから少しずつ復活する兆しを見せはじめたのだ。その流れはことしに持ち越されているというから、ひとまず安心していいだろう。一方、九州各県の研究機関で遅まきの原因調査がはじまったが、今のところ説得力ある説明はなされていない。

四半世紀にわたり、九州山岳に足を運んだ筆者の目には、おぼろ気ながら今回の異変の背景が見えている。その主因は、いみじくも椎葉の那須が指摘するように、過度の植林による雑木の減少、つまり蜜源（花の咲く木）を失ったことにあると思って、まず間違いないだろう。食糧（花蜜と花粉）が自由に手に入らないことがストレスとなっているところに、病気をふくむ前記のさまざまな負の要因が重なり、パニック状態に陥った蜜蜂はいやおうなく逃去を決めこんだのだ。

生物学者の間で、蜜蜂はもっとも進化した社会性昆虫と定義される。特に在来種であるニホンミツバチは、悠久の時間の中でこの国の風土に馴染み、独自の進化を遂げてきた。その〝土地っ子〟のニホンミツバチでさえ適応できない状況が、九州の山岳に現出してしまったのである。高等生物で、社会という概念を具有するニホンミツバチであればこそ、その現実に絶望し、逃避の挙に出たわけだ。鈍感な人類には感得できない差し迫った危機を、鋭敏で繊細な神経と感覚をそなえ持つ蜜蜂が、身をもって教えてくれたのではないか。

九州、なかんずく私が通い詰める宮崎は、〝林業立県〟を標榜するだけに、全県的に針葉樹の植林が極端に進んでいる。材価の低迷で、多くの林地は手入れもされずに放置されたままだ。保水力を失った山は台風のたびに崩壊し、それでなくても追い詰められた野生の生き物に、最後通牒を突きつける。彼らの悲鳴、そして懇願は、惑星の統率者を気取る人間には届かない。そう、ニホンミツバチはすべての野生生物の身代わりを演じたのであり、声なき警鐘を鳴らしたのである。蜂がいくぶんかもどりつつある現在、今回の異変をささいな事件と見誤るならば、後世に大きなツケを残すことになるだろう。じつは、それを証明するような出来事が世界規模で進行しつつあったのだ。

九州のニホンミツバチの異変がささやかれだしたころ、海の向こうのアメリカではさらに深刻な事態におちいっていた。それは「Colony Collapse Disorder（蜂群崩壊症候群）」（通称ＣＣＤ）と名付けられ、九州と同様、蜂群（アメリカの場合はセイヨウミツバチ）が謎の失踪をする奇怪な現象がおきていたのだ。第二次大戦中には六百万箱、二〇〇五年（平成十七年）には二百六十万箱あった巣箱の数が、二〇〇六年の秋にはじめて二百万箱を切った。九州のニホンミツバチのケースと同じく、働き蜂がある日突然に姿を消し、夥しい数のコロニーが壊滅しようとしていた。

その広がりはヨーロッパにも及び、二〇〇七年の春までに北半球の蜜蜂の四分の一、じつに三百億匹が消えうせた。そんなニュースが飛び交う中、二〇〇九年の年明け早々、アメリカの蜂失踪の謎を追うノンフィクション『ハチはなぜ大量死したか』が、文藝春秋から翻訳出版された。原著は前年の秋（二〇〇八年九月）に『Fruitless Fall（実りなき秋）』のタイトルでアメリカで出版されたばかりで、それが半年もしないうちに日本語版としてリリースされたことからも、この問題の緊急性が理解できよう。

本書を著したのは気鋭の科学ジャーナリスト、ローワン・ジェイコブセン。タイトルの〝実りなき秋〟で思い出すのは、環境問題の先駆的作品であるレイチェル・カーソンの『沈黙の春』だ。その原題は「Silent Spring」であり、ローワンがこれを意識してタイトル付けしたことは、まず間違いない。沈黙の春の訪れのあとに待っていたのは、やはり実りなき秋だった——そうローワンは本書をとおして読者に伝えたかったのだろう。一九六〇年代に記念碑的な『沈黙の春』が出版されたあと、アメリカでは一九八〇年代末にビル・マッキベンの『自然の終焉』（The END of NATURE）が上梓される。これも環境問題に正面から取り組んだ伝説的著作で、当時、全米で九〇年代の『沈黙の春』として話題をさらった。

ローワンの『実りなき秋』はこうしたアメリカの科学ジャーナリズムの系譜に連なるものであり、二十一世紀の『沈黙の春』といっていいものだ。アメリカ国民がこれら慧眼の書の警鐘に本気で耳を傾けているとはとても思えないが、少なくともアメリカ社会にはみずからの風土を客観視する科学的態度が育まれている。そこに科学ジャーナリズムが成立し、絶えず人間の行動に目を光らせる。一方日本では、風土・環境に対するこのような姿勢は、ほとんど醸成されることがなかった。小説家の有吉佐和子が居たたまれず『複合汚染』を著したのが、唯一の例外であった。この国が山を失い、川も失い、そして海をも失ったのは、もとより必然の帰結であったのだ。

常軌を逸した蜜蜂の酷使

さて、『実りなき秋』の中でローワンが明らかにしたのは、さまざまなストレス要因が絡み合って、いわばノイローゼ状態に蜜蜂を追い込んだことがCCDにつながった、と見られることだ。ストレス要因はさまざまある。たとえば、二十年ほど前に登場した「ネオニコチノイド」と呼ばれる新しい農薬。植物が葉を食べられないようにするため、みずから体内で作り出す天然の農薬であるニコチンを模したもので、アセチルコリン（神経伝達物質）と結合するはずの受容体にとり入って、昆虫の神経を麻痺させる毒薬だ。受容体がアセチルコリンではなくネオニコチノイドと結合すると、伝達すべき信号が交錯してしまう。最初の兆候として方向感覚の喪失、短期記憶喪失、食欲の減退などが現れ、その後に震え、痙攣《けいれん》、麻痺と進んで、最後には死を招く。人間においてアセチルコリン受容体の機能不全が引きおこす代表的な疾患は、今では日常化したパーキンソン病とアルツハイマー病だ。

昆虫の神経経路は哺乳類よりはるかにネオニコチノイド系農薬の影響を受けやすい。こうした特徴があればこそ、ネオニコチノイド農薬は短期間のうちに、ベストセラーの殺虫剤に踊り出たのである。人やペットは殺さずに、虫だけを殺す特効薬……。農業団体や農家が諸手を挙げて喜んだことは、言うまでもない。この薬剤のすごい点は〝浸透性農薬〟であることだ。つまり、植物の体内に浸みこんで、茎、葉、根など、その株のあらゆる組織に行きわたる。だから、昆虫が薬剤の浸透した植物のどこであろうと、ひと口かじったら最後、あの世行きとなる。手を抜きたければ、いちいち作物に噴霧せずとも、種をネオニコチノイド溶液に浸してから植えるだけで、同等の効果が得られるはずだ。花粉と花蜜にどれだけネオニコチノイド系農薬が入り込んでいるかの研究は、まだアメリカでもはじまったばかりだ。

蜜蜂のストレス要因のなかで、ローワンがその最たるものに挙げているのが、アーモンドの花の受粉だ。毎年二月になると、カリフォルニア中央部（セントラルバレー）の約五百キロに及ぶ帯状の土地は、アーモンドの花でまっ白に染まる。二〇〇〇年代に入り、この地域ではゴールド・ラッシュならぬアーモンド・ラッシュがおき、一九九〇年代に千六百平方キロだったアーモンド畑の作付面積は、二〇〇五年に二千二百平方キロ、そして二〇〇八年には二千七百平方キロに飛躍した。この空前のアーモンド・ブームを後押ししたのは、巧みなマーケティング戦略だった。アーモンドにふくまれるビタミンEと抗酸化物質が癌と心臓病の予防に役立つという研究報告を活用し、新手の健康食品に祭り上げたのだ。これが見事に奏効し、一九九五年に二十七万トン余りだった消費量は、今や七十二万五千トンを超えている。

それはさておき、蜜蜂がいなければ、アーモンドの木はちっともゴールドを呼び寄せてはくれない。花の受粉媒介が行われてはじめて、アーモンドの木に実がみのるのだ。それも、モモやリンゴのように、一割の花が実をつければいいと、呑気に構えてはいられない。アーモンドの場合は逆に、実の大小を問わず（むしろ小さい実のほうが喜ばれる）、一粒でも多くの実が収穫できるよう、限りなく百パーセントに近い花の受粉を期待されている。大規模農業で不毛の巷となったこの地方には、もとより頼りになる授粉昆虫などいやしない。勢いアメリカ全土から掻き集められる蜜蜂が、その役割を担うことになる。

問題はここで終わらない。自家不和合の植物であるアーモンドは、同じ木に咲いている花同士では実にならないし、他の木であっても同じ遺伝子だと実がつかない。その上、同品種の果物の木はみな接ぎ木されたクローンときている。だから、アーモンドの実をみのらせるためには、蜜蜂は異なる品種のアーモンドの花から花粉を運ばなければならない。そのため、アーモンドの生産者は少なくとも二種類のアーモンドの品種を植える必要がでてくる。当地では伝統的に、実をとる品種「ノンパレル」を三列植えた隣には、これを他家受粉させるための別品種を一列植えるという方法をとってきた。

こうした条件に加え、アーモンドは開花時期が早いため、花の受粉は天候に大きく左右される。蜜蜂は寒い日や雨の日には仕事をしないからだ。それに、アーモンドの花がよく受粉するのは開花日だけで、三日もすぎれば受粉可能性はほとんどゼロになる。だからこそ、アーモンド生産者は仮に天候が悪くとも、わずかなチャンスをものにしようと走るわけだ。それには大量の蜜蜂の投入しかなく、通常なら一エーカーに巣箱一箱で充分なところに、生産者たちは万が一のことを考えて二箱以上も置こうとする。単純計算すると、現代のセントラルバレーのアーモンドの作付面積が七十万エーカー（約二千八百平方キロ）だから、百四十万箱以上の巣箱が必要になる。この数字は、アメリカ国内にある稼働可能な巣箱の総数にほぼ匹敵する。

蜜蜂にとって、余りに過密なアーモンド畑で、文字どおり競争で花蜜を探すのは、ストレス以外の何ものでもない。その上、二月に蜂群を強勢にもってゆくためには、本来なら冬眠する冬のシーズンに、蜂たちをどこか暖かい場所に連れて行き、無理矢理餌付けする必要がある。この〝肥育養蜂〟は明らかに常軌を逸したものだが、現実には増加の一途をたどっているという。養蜂家が余計な費用負担をするだけでなく、蜜蜂に大きなリスクを背負わせているにもかかわらず、である。つまりは、背に腹はかえられないのだ。養蜂家は蜜蜂に不条理な強制労働を強いる分、その見返りとして農園主から破格の手当が贈られる。

だが、蜜蜂に救いはない。セントラルバレーでの三週間の酷使で、ある蜂群は病気にかかり、またある蜂群は寄生虫を拾い、息絶え絶えの状態で養蜂家のもとにもどってくる。だから、CCDが蔓延する以前にすでに、カリフォルニアの鋭敏な養蜂家たちはこうした状況が招来されることを予測していた。そして、現実にコロニーの壊滅がはじまったとき、彼らはそれを説明する名称を考えた。SAD＝Stress Accelerated Declineというものだった。「ストレスが増幅させる衰微現象」とでも訳せるだろうか。養蜂家たちはとうに分かっていたのだ、蜜蜂に余りにも無理をかけすぎて、彼らがとっくに限界に達していたことを。

それにしても、SADという頭文字はじつに見事に蜂の未来を暗示していたことになる。今や、悲しく、取り返しのつかない状況が世界をおおっている。

動的平衡に攪乱を起こした荒涼すぎる風景

ところで、ネオニコチノイド系農薬にふれた際、アセチルコリン受容体の機能不全が招く代表的な疾患として、アルツハイマー病があることを書いた。これに関連して、分子生物学者の福岡伸一は『ハチはなぜ大量死したか』の解説で、興味深いことを述べている。

「この本を読みながら、私の頭の中で、ずっと二重写しになっていたことがある。それは狂牛病の問題だった」とし、続けて「狂牛病のケースと全く同じく、それ（CCD）は人為が作りだした新たな界面の接触を利用して、たやすくハチに乗り移ってきたのだ。ハチは狂いだした。細かく役割分担されていた集団の統制がたちまち乱れ、ハチたちはある日一斉に失踪する」と書く。

福岡は、病原体の正体がなお明らかでない点でも、狂牛病と似ているとする。その上で、「病気の媒体としてある種のウイルスが関与しているように見える。ハチのコロニーが崩壊した巣箱を再利用すると、新しいコロニーも全く同じ症状に陥るからである。スクレイピー病が発生した草地で、新たに羊を飼うと感染が起こることに酷似している。原因が未知のウイルスなのか、あるいはその他に起因があるのか、それは今後の研究に期待するしかない」と吐露する。

思い出すことがある。以前、私の農業の師である永田照喜治（永田農法の創始者）が、「最近、カイコがアルツハイマー症状を呈するケースが多く見かけられるようになった」と指摘していたことだ。永田はその原因を、チッソ肥料の多投によるクワの葉（カイコの餌）の高い硝酸塩濃度と結びつけて考えていたが、今になって思うと、もっと別な要因が絡んでいた気がしてならない。

それはネオニコチノイド系農薬であったかもしれないし、蜜蜂の巣箱からもっともよく検出されるフルバリネートやクーマホスといった殺虫剤（ダニ駆除剤）であるのかもしれない。また、それらいくつかの農薬が混ざり合った複合汚染であった可能性もある。さらには福岡が言うように、ある種のウイルスが媒体として関与していたことも考えられる。いずれにしても、福岡の表現を借りるならば、「答えは、自然界が持つ動的平衡の内部にしかない」ということだろう。そのとき、〝復元〟が動的平衡の特質であり、本質なのだとしながらも、福岡は「私たちはひょっとするとその復元力さえも損なうほどに、自然の動的平衡を攪乱しているかもしれない」と結論づける。片桐の自然の中での仕事を通して見えてきたものは、まさに福岡の危惧が現実となった荒涼すぎる惑星の姿だった。

海外からの情報が伝わってくるのと時を同じくして、国内でもセイヨウミツバチの異変が各所から一斉に報じられるようになった。じつは日本のセイヨウミツバチについても、三年ほど前から異常が観察されていた。巣箱の前で働き蜂が大量死したり、飛び立ったまま帰巣しなかったりといったケースだ。たとえば、平成二十一年二月二十日付の『宮崎日日新聞』には、「西洋ミツバチ〝異変〟原因不明　果樹授粉影響も」の大きな見出しが踊っている。CCDは対岸の火事ではなく、すでに身内深く侵入してきているのである。

むしろ私が深い懸念を抱くのは、九州ではセイヨウミツバチに先んじて、在来のニホンミツバチにCCDそのものの異変が出てしまったことだ。前にも書いたが、ニホンミツバチは元来強い耐病性をもつとされてきたにもかかわらず、九州ではあっさりその神話が崩れ去ってしまった。ニホンミツバチはある意味で、病気にかからないことで、福岡の言う自然の動的平衡を保っていたはずである。それが維持できないということは、動的平衡に攪乱をおこしていることにほかならないではないか。あなたはまだ、復元力に期待できるとお思いか？

昔ながらの手搾りと惑星の未来

話をふたたび片桐の採蜜にもどす。この日、彼は三箱の巣箱から蜜がたっぷり詰まった巣板を抜きとり、店の上がり框《かまち》で搾りにかかった。セイヨウミツバチによる商業養蜂とは異なり、プリミティブな和蜂養蜂では、搾り方は〝垂れ蜜〟が基本だ。つまり、大きめ目のザルなどに砕いた巣板を入れて、下に垂れてくる蜂蜜をタライなどで気長に受けとめるのである。遠心分離機を使

握りやすい大きさに砕いた巣板（手前）と、手搾りの実際

う手もあるが、こんな文明の利器に頼ってしまったら、それこそ和蜂養蜂の楽しみが半減してしまう。

では、片桐はどう搾ったか。これがじつに圧巻のシーンだった。殺菌されたビニール手袋をはめた主人公は、適度な大きさに砕いた巣板を掌中に入れ、手の圧力で一気に搾りはじめた。長くニホンミツバチの取材を続けてきたが、こんなやり方を見るのははじめてだった。片桐本人は涼しい顔で、単板の塊を次々と握りかえ、手際よく蜂蜜を搾り出してゆく。

「これが昔ながらの〝手搾り〟です。古くはみんなコレだったと思います。握力と腕力が少しいりますが……」達人にこう説明されると、妙に説得力がある。だが、これは怪力の片桐だからこそ似合う搾り方で、ふつうの人間がどこまで耐えられるか。

それはともかく、こうして搾った蜂蜜（夏蜜）が時に発酵することはあっても、腐敗したという話は聞いたことがない。じっさい、蜂蜜は半永久的に保

搾りとった蜂蜜を丁寧に濾したら（右）、あとは化粧瓶に詰めるだけ（左）。純度100%の地蜜だ

存が利く。そこにはいったい、どんな力が働いているのだろうか。

前に、外勤蜂が多種の蜜源から運んでくる花蜜の糖度は、せいぜい二十〜三十八度前後と書いた。それを貯蔵担当の蜂（内勤蜂）が口吻を使って器用に濃縮してゆくわけだが、その実態は花蜜を何度も口に吐きもどすことにより蜜の膜を作り、結果として空気にふれる表面積が広がることで、水分の蒸発が促進される。まさにミクロの自動乾燥機というわけだ。

じつはこの過程で、蜜蜂の唾液中の酵素群の働きにより、ショ糖はグルコースとフラクトースの二種の糖に分解される。同時に、このときグルコン酸をはじめとする各種有機酸の生成を促すという。どうやら、これら分解された糖や有機酸が複雑に絡み合って、蜂蜜の腐敗を防いでいるらしい。まず、フラクトースには保湿性が高いという性質があり、蜂蜜が固まるのをおのずと防ぐ役割をもつ。秋蜜が固まりやすいのは、もとより一定の糖度を超えているからだろう。一方、蜂蜜の高い浸透圧は、仮に異物（微生物など）が混入したとしても、速やかにその水分を奪って生命活動を阻止し、発酵や酸敗から我が身（蜂蜜）を守ることができるという。その上、有機酸類は蜂蜜のpH（ペーハー）を四以下（つまり酸性）に下げることで、バクテリアに対する抵抗力を高める戦術をとっている。

グルコン酸生成の過程で付随して生じる過酸化水素も、強い殺菌力をもっていることで知られる。オキシドール（過酸化水素水）は人間が怪我したときにかならず傷口の消毒・殺菌に使うから、イメージしやすいだろう。これらに加えて、巣房の素材であるワックスそのものに疎水性（水分をきらう性質）があるため、いっそう貯蔵蜜には雑菌がとり付きにくい環境ができあがっているのである。さらに、蜂蜜やワックスにふくまれる香り成分も、微生物の活動を抑える役目を担っていると考えられる。

こうした幾重にもまたがった成分の作用で、蜂蜜はものの見事に腐敗を免れている。それは蜜蜂自体がもっとも進化した社会性昆虫と言われるのに似て、じつに高度な化学的特質をそなえていると言えよう。蜜蜂も〝すごい〟が、彼らが生み出す蜂蜜も同様に〝すごい〟のだ。さらに、人間はアーモンドがなくても暮らせるが、蜜蜂がいなければ生きてゆけない。蜜蜂の授粉行動がなければ作物は実らず、人間が必要とする食糧は確保されない。

これまで人類は己が欲のためにさまざまな問題を引き起こし、そのたびに何とかその場をとり繕い、ギリギリでみずからの延命をはかってきた。しかし、今回のＣＣＤはこれまでの問題とは本質的に異なるのではないか。民族対立や戦争なら、まだ政治や宗教の問題として対処できる余地が残る。蜜蜂はいわば神の使者であり、人類は不遜にもその使者を今まさに屠り去ろうとしているのだ。これは誰が判断しても自滅行為であり、みずから種の限界を示す行動にほかならない。

我々は自然界の動的平衡を攪乱する以前に、己が心的平衡をすでに深いレベルで失ってしまっていたのだ。今、何をなすべきか？　そうではないだろう。何もしないことの価値にこそ、人類のかすかな生存の可能性が潜んでいるはずだ。

漆黒の空間に美しい弧を描く投網。
川面を渡る夜風が心地よい

七章 川の未来を考えさせられる投網漁

暗闇相手の手練の投網漁

授蜜の取材で竹染に滞在していたとき、偶然に地元紙である静岡新聞の記事に目がとまった。「産卵前のウナギ捕獲　マリアナ沖世界初　養殖技術確立に期待」という見出しである。小さいスペースながら、カラー写真で捕獲された雌ウナギが写し出されている。今回は、平成十七年にウナギの仔魚を捕らえた東大海洋研チームの手柄ではなく、水産庁の調査船「開洋丸」が果たした快挙だった。これで、ニホンウナギの産卵場所（マリアナ諸島北西沖の海山）についての仮説は、ほぼ完全に実証されたことになる。

捕獲されたウナギは体長七十五センチで、体内に多くの成熟卵をもっており、何らかの理由で産卵に至らなかったものらしい。なるほど、写真に写った雌ウナギは体の前半部が卵で大きく膨らんでおり、ふだん目にするウナギからはほど遠い形姿をしている。この雌ウナギ以外にも、今回の調査ではほかに産卵後の雌ウナギ三匹と、成熟した雄ウナギ四匹が捕獲されたという。これに関して、水産総合研究センターは「産卵前のウナギのホルモン分泌などを分析すれば、良質な稚魚を効率的に大量生産することができる」というコメントを寄せている。

つまり、ウナギの人工養殖技術の確立への道が開けると期待しているのだ。しかし、養殖技術確立の前に、まず産卵場所をしっかり保全し、商業資本に荒らされない手立てを打つ必要があるだろう。各国の思惑にも注視し、惑星に残された貴重な資源の〝最後の砦〟を何としても守らねばならない。考えてみるに、世紀の大発見（捕獲）であるにもかかわらず、その学術的価値はそっちのけで、最初から資源としての利用法のみが注目されるばかりで、ちょっと浅ましすぎはしまいか。

新聞には報道されていないが、私が個人的にもっとも知りたかったのは、捕獲されたウナギがニホンウナギか、それともヨーロッパウナギであったのかという点だ。記者はまずもって、人工養殖技術の可能性などより、ウナギの日欧の分別にこそ目を向けるべきだった。仮にこれがヨーロッパウナギであったとしたら、ヨーロッパウナギがついにニホンウナギの産卵場所に到達したことを証明することになり、これこそ一大事と言わなければならない。そこに想定されるのは、日本固有のウナギの遺伝子が、ヨーロッパウナギの遺伝子に攪乱される可能性である。つまり、外来種による遺伝子汚染がおきている恐れがあるということだ。ニホンウナギと欧米の二種類のウナギは自然に交雑することが確認されており、マリアナにおける遺伝子汚染の懸念は、けして根拠のないものではないのである。

片桐の〝手搾り〟に度肝を抜かれた十日後、私はまたまた天竜に向け車を走らせていた。八月一日のアユの投網《とあみ》漁の解禁に合わせたのだ。昼の天竜川はふだんよりも水嵩が増していて、しかも支流の気多《けた》川から流れこむ泥水をふくんで、いつにも増して濁っている。もちろん、こんな日には友釣りはお手上げだ。「天竜川では、友釣りができる日はひとシーズンに数えるほどしかない」と片桐がぼやくのも、無理のない話なのである。二俣に通い詰めている私も、いまだ許容範囲の濁りのレベルに出遭ったことがない。

なぜか投網漁の解禁は夜の七時だった。夕食を悠然と済ませた片桐は、長男の尚矢を伴って愛舟に乗り込んだ。何も慌てる必要はないのである。投網の解禁だからといって、漁に出る人間はほかにひとりもいないのだから……。片桐はもはや天竜川最後の専業漁師であり、彼に対抗する競争相手はどこにもいないのだ。名人としては、そんな状況が多少不満でもあり、物足りなくもあるらしい。狩猟本能をあおるのは闘争心にほかならないからだ。その点、冬のシシ猟では相手として不足はあるものの、鉄砲のグループ猟のハンターたちがひとつの刺激材料にはなっている。

最初に網を入れたのは、川舟の係留場所のすぐ下手、鳥羽山公園の丘を北に仰ぐ天竜川の曲流地点だった。六月にはじめて友釣りを試した件のゆるやかな瀬である。ここには右岸寄りに砂嘴《さし》がのびていて、そこに川舟を突っ込んだ片桐は、腰にボウラを結びつけ、頭にヘッド・ランプをのせると、投網を小脇にかかえて舟を下りた。水の濁りは相変わらずだが、昼に比べるとだいぶ水位は下がっている。

岸から静かに水中に足を踏み入れた片桐は、流れの緩い瀬に向けて、今シーズンの第一投を打ち込んだ。さすが手練《てだれ》の技である。漆黒の暗闇に一瞬見事な扇の形を描いて、スッポリと網が水面をおおう。美しい扇形に開いているのが分かったのは、後日、フィルムを現像したあとのことであったのだが……。投網を手元に手繰り寄せ、ライトを当てると、すぼんだ網に銀鱗が白々と光っている。十匹弱のアユに、ウナギやウグイ、ギギ、ハヤ、カマツカ、アユカケ（ゴリ）などが混じっている。アユは八月にしてはいかにも小振りだ。

網を投げるポイントを少しずつ上流側に移しつつ五～六回試したところで、片桐はあっさりこの場所に見切りをつけた。はじめて見る人間からすれば、コンスタントに十匹前後のアユがかかる首尾は、けして悪いものとは思えないのだが、片桐の見切り方からははっきりと〝ノン〟が伝わってくる。

舟をそそくさと下流に移動させた片桐は、こんどは流れの左岸側に寄せた。鉄橋の下手、五百メートルぐらいの地点である。増水した水が引き切らない、水深十～十五センチくらいの浅瀬が、左岸沿いに長々と続いている。大きな川石は半ば水面上に顔を出していて、海でいうところの干潟の景観を作り出している。

ふたたび舟を下りた片桐の表情が、先ほどとは打って変わって生気でみなぎっている。素人には分からない、何らかの漁の感触を得たのだろう。濁流を恨めしそうに眺めていた昼時の眼光とは明らかに違ってきた。

私は、干潟状の浅瀬に降り立った片桐が、てっきりそこから本流に向けて網を打つのだと思い込んでいた。しかし、じっさいにはとてもアユがいるとは思えない足元の浅瀬が狙いだった。本気モードの第一投が放たれた。私は内心、こんな浅瀬にアユがいるわけがない、とカメラの準備

浅瀬で打った投網に大量に掛かったアユ。魚の習性を知悉した川漁師ならではの妙技だ

もしなかった。網を手繰った片桐が、それを暗闇の中で高々と掲げて見せた。私の予測とは裏腹に、閉じた投網の中に大量のアユが折り重なるようにぶら下がっていた。三十匹はくだらないだろう。

「川が増水して濁りがひどいとき、アユたちはそれがおさまるまで、浅瀬に避難する習性がある。だから、今この場所でアユがとれることはしぜんなことなんです」

こう説明されると、干潟を見つけて顔色が変わった理由が分かろうというものだ。片桐は浅瀬伝いに投網を打ちながら二百メートルほど遡上し、その間にボウラがアユでいっぱいになるたびに舟にとって返すというパターンで、漁は一時間余り続けられた。一方、舟上では、尚矢が運ばれてくるアユの腹を片っぱしから掻く作業に余念がない。こうして内臓をとり出したア

投網で捕れた小振りのアユであるにもかかわらず、しっかりと腹に卵を抱えている

ユは川水で洗って家にもち帰り、甘露煮に加工される。浅瀬に避難するアユは小振りであるため、塩焼きで店のテーブルに供されることはない。

それにつけ、小さなカッター・ナイフひとつで、一尾ずつ腹掻き作業を進める尚矢の忍耐力は、じつに見上げたものである。ウナギの捨て針漁のときにも感じたことだが、片桐の川漁は息子尚矢の存在抜きには成り立たない。文字どおりの親子漁なのである。

放流事業は果たして必要か？

結局、この日の投網では、わずか二時間足らずで四百〜五百匹もの獲物を手にした。川がヘドロ化する以前には、ひと晩で軽く千匹の水揚げがあったというのも分かる。

舟にもどった片桐が突然、この夜とったアユをすべて船底にぶちまけて、「放流と天然（海産）のアユの割合が分かりますか？」と質問してきた。一瞬返答に詰まった私は、全国の放流頼みの河川経営にかんがみて、「放流が九、天然が一くらいかな？」と当てずっぽうを言ってみた。食い入るようにアユを眺め渡したあと、片桐がおもむろに口を開く。意外な答えだった。

「この中に放流は一匹もいません。川の環境は、ヨソからもってこられて生きてゆけるほど、甘くはありません。特に、ここまで（天竜川が）劣悪な環境になってくると、いっそう放流組の生存はむずかしくなる。全国の河川で行われている放流事業がどこまで意味があることなのか、疑

問というほかはありません」
片桐の毅然とした説明に、私は言葉を失った。人智の及ばぬところで、厳然と自然淘汰は行われていたのだ。やわな放流アユでは生存できない川の荒廃はいかにも無気味だが、一方でそれを乗り越えて何とか命を紡いでいる天然アユの生命力には脱帽するしかない。
「天竜川は見る影もないほどすさんでしまったけど、まだ完全に死に絶えてはいない。今、人間が本気でとり組めば、ギリギリ川を救うことができるかもしれない。海産アユがのぼってくるうちに何とかしないと……」
と、かすかな希望をつなぐ片桐だが、本音の部分では人類に今後覚醒が起こることなど、まるで当てにしてはいない。この先、山に雑木がもどり、ダムがとり払われ、川の護岸が消え去る事態がやってくるとは、とても思えないから

この中に1尾たりとも放流アユはいない。劣化した川環境がその生存を許さないからだ

だ。ただ、自然の動的平衡の何たるかを身をもって感受してきた片桐であってみれば、今ならまだ最後の復元力に賭ける手があると言いたいに違いない。今すぐ動けば、川は救えるかもしれない、と。しかし、行動に移すためには、強い動機が必要だ。動機に導く正しい現状認識も不可欠である。

現実はどうか。今や日本の河川がほとんどその動的平衡を失い、汚水を流す単なる溝と化した現状を、いったいどれだけの人が認識できているだろうか。残念ながら、それができる人間は皆無に等しいはずだ。我々は科学文明とそれがもたらす便利さに慣れ、自然の中でしか生きられない不器用な生物であるという大本《おおもと》(限界)を忘れてしまった。だから、最低限の現状認識すらできないのだ。片桐がすでに自覚しているとおり、我々はアユの最後の〝努力〟に報いることはできないのである。

ところで、投網でとったアユを瞬時にすべて天然と見分けた片桐だが、放流アユとの外見的な違いはどこにあるのだろう。尚矢が片桐に替わって説明してくれる。

「放流ものが天然に混じると、すぐ分かります。ヤツら(放流アユ)は鼻、つまり顔がズングリ短くて、魚体がシイラを小さくしたような姿をしている。一匹でも混じっていれば、すぐ教えられたんですが……」

放流ものに見《まみ》えられなかったのはつくづく残念だが、改めて天然アユの生命力の強さを知ったことは、大きな収穫だった。それにつけ、放流事業の核心をついた片桐の言葉を、我々はどう受けとめるべきなのか。ちなみに、湖産の稚アユが全放流アユに占めるシェアは、今や二十五パーセントに減じている。天竜川でも最近は、湖産の放流は行われていないらしい。しかし、二十五という数字はけして小さくない。

夜中に店にもどった片桐親子は、ただちに舟上で腹かきを済ませてあるアユの調理（甘露煮）にかかった。大鍋で一気に炊き上げる様は壮観だ。小分けした二十尾ばかりは試食用で、今回は空揚げで供してくれた。塩焼きのおいしさは前に書いたが、小振りアユの空揚げの旨さはその上をゆくものだった。日ごろ、揚げものはいっさい口にしない私だが、油への抵抗を感じる暇《いとま》もなく、ペロッと十尾を瞬く間に平らげた。もちろん、片桐の調理の腕もあるに違いない。それを差し引いても、空揚げ仕立ての小アユはとにかく絶品なのだ。香魚であるアユ本来の麗しい味と香りが、油に負けるどころか、むしろ油によりさらに高められている。

天竜川が増水する日、その絶対数は天文学的レベルで激減してしまったものの、いまだ浅瀬に身を寄せる大量のアユがいる。しかし、彼らが来年も変わらず浅瀬に姿を現す保証はどこにもない。不愉快なことだが、彼らの命運はいつのころからか、惑星の統治者となった人間が握っている。人類の統治がはじまって以来、惑星環境は猛スピードで劣化の一途をたどり、今やすべての生き物を存亡の瀬戸際に立たせてしまった。「人間を裁く存在がなぜいないのか？」とは片桐の口癖だが、人類が犯した罪の深さは、まさにとり返しのつかない域に達している。蜜蜂が未来からの伝言者であるとするなら、アユもまた人類へ警鐘を鳴らす最後の〝黒子〟と言えるかもしれない。

懐かしい人間関係の原風景

投網解禁日の翌日（八月二日）、片桐は漁そっちのけで、朝から料理の仕込みに余念がない。今宵は恒例（八月の第一日曜）の鹿島の花火大会の日で、夕刻には一族一統が竹染に集結してくる手筈になっている。漁に使う川舟が花火見物の観覧船に仕立てられ、贅沢にも水上から真夏のページェントを楽しむ趣向らしい。竹染に通いはじめて半年、これまでにも折にふれて、店の座敷に集う親族たちの様子を目にしてきた。世間ではよく、今の時代、人間関係が希薄になったなどとつぶやかれるが、この片桐一族の場合にはこれがまるで当てはまらない。

午後の五時を回ったころには、店の座敷は馴染みの顔で溢れ、入り切れない客たちがカウンターや玄関先で楽しげに立ち話に興じている。調理場でもいよいよ追い込みに入ったとみえ、折り詰めの山がひと際高くなっている。六時を合図に、歓談していた客たちは連れ立って川舟の係留場所に向かいはじめた。そこで会場に搬送してもらう順番を待つのである。花火の打ち上げ場所は天竜浜名湖線の鉄橋下手の右岸堤で、そこと百メートルと離れていない水上の絶好のポイントに、すでに観覧用の舟が留め置かれている。じつは前日の昼、片桐と尚矢は漁には使わない大型の川舟を、あらかじめそこに運んでいたのである。

観覧舟に銘々居場所を確保した客たちは、折り詰めとたっぷりの飲み物を渡され、思い思いに花火打ち上げ前のひと時を楽しんでいる。その間にも、調理場から解放された片桐が、遅刻してくる客を次々とピストン輸送で観覧舟に運んでくる。ホスト役の片桐がようやく甲板に腰を落ちつけることができたのは、花火がスタートしてだいぶたってからのことだった。しかし、その表情にはいささかの不平の色もなく、むしろ大事な仕事を滞りなく運んだことからくる満足感がにじんでいる。

「みんな参加してくれるだけでうれしいですね。ことしも九十四の母が龍山からきてくれましたし、三女（姉）の洋子もわざわざ堺（大阪）から駆けつけてくれました。女房は『みんなの都合も考えないと』と気をもみますが、私としては、なるべく全員にきてほしいと願っている

花火見物に集まった一族一統。
川舟が観覧舟に早変わりする

んです。ひとりでも欠けると何となく落ちつかなくて……」

と、片桐は真情を吐露する。偉丈夫の内面は思いのほかデリケートなのだ。同時に、幼いころの体験がいかに人間の精神形成に少なからぬ影響を及ぼしたか、片桐の独白は雄弁に物語っている。そんな片桐の思いは別にしても、鶴のひと声でただちに血族が集まり、和気あいあいと掛けがえのないひと時を過ごす人間集団の姿は、このご時世では奇跡と映るくらいだ。それは人間関係の原風景ともいうべきものであり、ある種、懐かしささえ感じさせる光景であった。

九時ちょうどに華やかな花火が打ち止めとなると、片桐はふたたび客たちを乗船場まで送り届け、店の座敷に改めて招いて接待する。片桐本人の入れ込みはよしとしても、妻の三保子や長男の尚矢の協力がなければ、こうした大掛かりな集まりはそうそう開くことはできない。宴会を商売にしている割烹店とはいえ、儲けにつながらない内輪の会合であれば、回数も少なくして、なるべく手間をかけたくないと考えるのが人情というものだ。しかし、早朝の卸市場での買い出しにはじまり、夜も更けての宴会のお開きまで、三保子と尚矢は一度たりとも愚痴をこぼすことなく、常に嬉々として立ち働いていた。ふたりとも、じつにあっぱれな態度なのである。

もちろん三保子の場合、店の女将、つまり客商売のプロとしてのプライドがあることは分かる。だからといって、夫の一途ではあっても、時に度を越しかねない思い入れに全幅の協力をする筋合いはない。しかし、三保子は毎回進んで身内を迎え、片桐と同様身を粉にして尽くし、そしてみずからもそのひとときを心の底から楽しんでいる。ふたりの孫の存在が、親族との結び付きをより強固なものにしているという側面はあるかもしれない。それを差し引いたところで、三保子の献身の度合はいささかも薄まることはない。

あるとき、片桐の口から三保子との馴れ初めを聞いたことがある。それを語る前に、今一度富士宮時代の片桐にもどる必要があろう。竹染本店開業の話は前に書いた。やがて義兄の好夫が合流し、店の黄金期がはじまったことにもふれた。それ以前、好夫の弟子のひとりが松崎(伊豆)の旅館の跡継ぎだった関係で、片桐は一時好夫の名代としてそこの調理場の指導に出向いたこともあった。この一事からも、片桐が親方である好夫からいかに全幅の信頼をおかれていたか、容易に理解できよう。

そんな充実した日々を送る片桐のもとへ、一通の訃報が届く。父が逝った報せだった。十五歳で料理の修行に入った少年は、このとき二十歳の誕生日を迎えようとしていた。

葬儀からほどなく、初盆の日がやってきた。ふたたび帰郷を果たすと、そこに運命的な出遭いが待ち受けていた。美しく成長した隣家の〝幼馴染み〟との再会である。もちろん、この幼馴染みこそ、三保子その人にほかならない。

「盆で帰ったとき、地元の盆踊りに誘ったんです。これが馴れ初めといえば馴れ初めかな? そのあとが大変だったんですが……」

と話しかけて、片桐はいったん口をつぐんだ。私はこれ以上立ち入るべきか否か、正直迷った。だが、私はこの話の続きの中に、三保子の自己犠牲的な生き様の背景が潜んでいるであろうことを、何となく感じ取っていた。このあと、片桐が語る三保子の生い立ちに、私は背筋をのばす思いで聞き入った。

境遇の近いふたりの出遭い

秋葉ダムの工事に伴い、ダムサイトの近くにあった片桐家が白倉川沿い（右岸）の場所に移転したことは、前にふれた。対岸の一角に新道と呼ばれた地区があり、そこで一軒の鍛冶屋がまじめな商売をしていた。だが、この職人夫婦は子どもに恵まれず、どこか満ち足りない思いで暮らしていた。そんなとき、知人の紹介で豊岡（現磐田市）から養女をもらい受けることになる。まだ一歳にもならない赤子だった。当時としてはけして珍しい話ではなく、素直に喜んだはずの職人夫婦の思いが手にとるように分かる。

この養女の運命というクジを引いたのが、その後片桐の幼馴染みとして育つ三保子だった。幼馴染みといっても、ふたりがお互いを意識しだしたのは、片桐が磐田からもどったあとのことであるらしい。それ以前、三保子の一家は白倉川対岸の新道地区に住んでおり、片桐が磐田からもどる直前、そこが地滑りの危険地帯に指定されたことで、偶然片桐家の東隣に移転を済ませていた。磐田帰りの片桐の目に、一歳年下で、ある意味箱入り娘のごとく育てられた三保子は、どのように映っていたのだろう。

「明るくて活発な女の子、という印象ですかね。意外としっかり屋の側面ももっていて……。三角網に張る針金製のネットを買いにいっても、けしてまけてくれませんでしたから」

逆に、突然都会（磐田）から隣家に帰ってきた年上の片桐は、三保子の記憶にどう捉えられていたのだろうか。興味津々の答えが返ってきた。

「勉強嫌い、学校嫌いを全身で訴えているような雰囲気がありました。いつも川でひとり遊んでいた印象が残っています。彼の遊びのレベルが高すぎて、隣近所の子どもたちはそうそうついてゆけなかったんです」

ふる里にもどってきた少年は、まさに都会生活の反動の中で生きていたのである。三保子のこうした話から、当時、片桐がすぐ上の兄の啓助とあまり遊ばなかった理由や、またついぞ高校進学を目指さなかったわけが理解できるのだ。ともあれ、三保子より一年早く地元の中学を巣立った片桐は、富士宮での七年の修業ののち、忽然《こつぜん》と龍山に舞いもどってきた。片や三保子は親の手厚い庇護のもとで高校から短大へと進み、栄養士の資格をとった上で、天竜厚生会（福祉施設）の職員（栄養士）として働きはじめたところだった。この厚生会と片桐家の関係は、のちに意外な縁《えにし》へと発展するが、それは紙幅の関係で本項ではふれない。

盆踊りの日を境に、若いふたりは七年のブランクを慌てて埋めるかのように、一気に接近していった。間もなく将来を誓う仲になったが、三保子の両親は片桐との結婚を認めなかった。私の想像でしかないが、両親は手塩にかけて短大まで出させた可愛い一人娘であれば、せめて安定した暮らしのできる勤め人にでも嫁がせたい、と願っていたのではなかろうか。やがて、若く血気盛んな片桐は、三保子に両親をとるか自分をとるか、決断を迫った。親への恩義と片桐への想いの間《はざま》で板挟みになったその時の三保子の苦悩が、私には手にとるように分かるのだ。

三保子が下した結論は、ボストンバッグひとつで、夜逃げ同然に隣の片桐家に身を寄せることだった。その少し前、片桐本人は富士宮の竹染を辞め、龍山にもどっていた。

「ウチの母だけはボクのことを信じてくれていました。向こうの父親は最後まで許してくれませんでしたが、お母さんはいつのころからか認めてくれていたようです。もう他界していませんが、三保子のことをずっと案じていたはずです」

ふだんは快活な片桐が、このときばかりは笑みが消え、体をこわばらせている。自分自身の中にも、多少なりとも若気の至りだったという思いがあるのだろうか。頑固な片桐のことだから、仮にあったとしても、それを素直に認めることはしないだろうが……。

さて、三保子の夜逃げ後、実家にふた月ほど身をあずけたふたりは、片桐の新しい職場（二俣町内の寿司屋）に近い借家に移って、新婚生活をスタートさせた。二俣の店には八カ月勤め、次に浜松市内の寿司屋にかわって一年半たったところで、自分の店をもつ決心をする。

「独立を考えたのは、借家と目と鼻の先の鳥羽山が公園として整備される計画がもち上がったからです。借家を改造する許可がとれて、最初は公園にくるアベック目当てのラーメン屋を考えたのですが、兄弟たちに『寿司割烹で行くべきだ』と諭されまして……。その開店に、長男尚矢の誕生が重なって、もうドタバタの状態でした」

はじめてもった店ということもあり、開店以来、ふたりは無理を押して連日夜中の一～二時まで働き詰めを通した。その結果、産後間もない三保子が過労で倒れ、一年半の強制入院という最悪のケースに陥ってしまう。そのとき、三保子の代役を見事に果たしたのが母親のたまだった。たまにしてみれば、かつて片桐を磐田に里子に出したことや、その息子が隣家の一人娘と駆け落ち同然に所帯をもったことが、少なからず負い目になっていたのかもしれない。

「女房が入院していた一年半、母がいなければとても店は回らなかった。息子（尚矢）の世話はもちろん、漁の手伝いから畑仕事までしてくれた。現在の竹染が建つ場所に、土地だけは前もって買っておきました。母はそこを耕して、野菜を作っていたんです。さらに、浜松で理容店を営んでいた姉の敦子（五女）も、自分のところの仕事を終えると竹染にきて、夜遅くまで店の手伝いをしてくれました。私も店をやりながら、夏は毎晩のように投網を打ち、冬には長女の淳子をおぶってキジ撃ちに励んだものです」

苦労の甲斐あって、店は順調に売り上げをのばし、そこに好景気の後押しが加わった。オープンから五年がたったとき、片桐はかねて購入しておいた土地（畑）に自宅兼店舗を建てることになった。片桐がそのプランをはじめて設計家に話したとき、相手は「そんなにデカい家を建てるの？」と驚きを隠さなかったという。片桐にしてみれば、もとより夢にまで見た「一世一代の普《ふ》請《しん》」（本人の弁）を実現させるつもりだった。こうして完成したのが、建坪七十四坪の壮大な館だった。一階が店舗部分で、二階は完全なプライベートの空間になっていた。現在の竹染誕生の瞬間である。

このとき、借家であった初代竹染の建物も買いとり、そこには勤め人だった兄の啓助が入り、本来の家業である理髪店を開業した。長兄が他界した今、すぐ近所にいちばん年が近い兄が住まってくれるのは、片桐にとってどんなに心強いことであろう。完成した竹染御殿はその後の商売の屋台骨であると同時に、一族が心置きなく集うサロンの役割も果たしてきた。あるとき片桐は、私にこう打ち明けたことがある。

「磐田時代のあの淋しさは、子や孫にはけして味わわせたくなかった。ずっとその思いをもち続けてきた。あんな切ない経験はボクひとりでたくさんだ」と。

片桐がこう心に誓っていたとき、そばでまったく同様の思いにかられていた人物がいた。言うまでもなく三保子本人である。なるほど片桐の里子体験は、年端もいかない少年にとって、生きる意欲を失わせかねないショッキングな出来事であった。しかし、幼くして鍛冶職人の家の養女となり、いざ親の恩に報いる年ごろになった途端に義絶の運命を味わった三保子は、むしろ片桐よりも苛酷な人生を歩んだことにならないか。育ての親から一方的に勘当されたとはいえ、三保子にはその親を恨む道理はどこにもなかった。親には何の罪もなかったのだから……。

私の憶測でしかないが、片桐との新生活に胸踊らせる一方で、三保子は育ての親に対する懺悔《ざんげ》の気持を片時も忘れたことがなかったのではなかろうか。だから、片桐が意識した以上に、三保子は家庭の安寧を願い続けてきたはずである。家族には誰ひとり辛い思いをさせてはならず、親族や知人との間にはけして壁を作らない……。常に、気兼ねなく人が集まってくる家でなければならない、と。これが尊い犠牲を払った三保子が、身を粉にして働く中で育んだ人生訓であったのだ。

片桐が人恋しいと言うならば、三保子は片桐以上に人恋しいのである。どんなに忙しくとも、人が集うことは紛れもなく家庭の幸せ度をはかるバロメーターであった。だから、三保子は片桐に「余りしつこくならないように」と注意をしつつも、内心ではいつも、誰よりも親族の来訪を心待ちにしているのだ。育ての親を亡くし、実家を失ったことで、そうした思いはいっそう強くなったに違いない。考えてみれば、片桐と三保子は意外と近い境遇であったのかもしれない。ふたりのいちばんの接点はまさにふつうの暮らしへの渇望、当たり前の家庭を維持したいというささやかながら、切実な共通項にあったのではなかったか。

こうした親の生き方は、息子尚矢に着実に受け継がれ、片桐サロンは次なるステップに踏み出そうとしている。親の庇護を丸ごと受けた世代が、今後どう親族を束ね、いかにその経験を店の経営に生かしてゆくのだろうか。花火大会の日の夜は、片桐家の過去と未来がまさに花火の余韻のように交錯する、切なくも滋味豊かなひと幕だった。

八章

スジエビの健気さに希望を見る

うっすらと赤味がさした体色が美しいスジエビ。生ける宝石だ

考える漁師の本領発揮

前に、八月二十日の友釣りのことを書いた。じつはその前日、片桐に面白い漁を見せてもらった。「東海道線の鉄橋の上手あたりでやっていますから、見つけて下さい」との指示を頼りに、ともかく現場に向かった。東海道線の鉄橋といえば、天竜川もだいぶ下流域にあたる。河口からだいたい八キロの地点だ。指定の場所についても、漁をやっているような人間はどこにも見当たらない。だいいち、だだっ広い河原の四方を見渡しても、人の姿なぞまるで見つからないのだ。

諦めて帰ろうとしたとき、河原にうずくまるように丸まった物体が目にとまった。小さな携帯用のチェアに腰を下ろした片桐が、いかにも手持ち無沙汰げに水面を見つめている。私はてっきり、漁が一段落して、休憩をとっているものと勘違いした。片桐の頭にのるツバ広の帽子が、いっそうのどかさを増幅している。

「こう見えても、まじめに漁をしているんですよ。これとスジエビ漁（後述）だけは、ひたすら待つことが基本なもので……。私の性分とはまったく相容れない漁ですが、こればっかりはどうにもなりません」

片桐がこう言い訳するのはイサザ漁で、八月中～下旬にかけてのわずかな期間が漁期にあたるらしい。このイサザがじつにややこしい。地元で片桐らが言うイサザは、学名上のイサザとは異なり、じっさいにはハゼ科のウキゴリを指す。だから、正式にはウキゴリ漁と呼ぶべきなのに、なぜかイサザ漁と呼び慣わしている。さらに天竜川の周辺地域では、このイサザを〝いさじゃ〟〝いさっこ〟などとくだけた呼び名でも呼んでいる。〝いさじゃ〟は〝医者じゃ〟からきているといい、これを食べていれば脚気にならなかったことから、その名がついたと言われている。

ついでに記すと、学名上のイサザ（これもハゼ科）はウキゴリの陸封型を指し、もともと琵琶湖の特産種だ。体長は六センチぐらいになり、ふだんは湖の深いところで、水の冷たい場所に棲むという。片桐の話では、幸いにも、これ（イサザ）はまだ天竜川には入りこんでいないらしい。一方、片桐が狙うウキゴリは、体長は十～十五センチに成長し、河川の流域広く（上～下流）産卵、生息する。腹ビレが吸盤状になっていたり、また舌の先がふたつに分かれているなどイサザとの共通点は多いが、尾柄がイサザに比べて太いところや、体色がイサザより濃い点などから判別できるという。

チェアから腰をあげた片桐が、水辺に置いてあった箱様の道具をもち上げる。これがイサザ漁用の漁具だった。木枠に網を張り、下部にイサザが進入してくる入口と、入った獲物が出られない造作を施しただけのじつにシンプルなもの。もちろん片桐のオリジナルだが、冬のシシ猟の罠といい、こうした漁具ひとつとっても、そこには生き物の生態を知悉した者のみが発想し得る、究極のアイディアが盛り込まれている。〝考える猟（漁）師〟の面目躍如といったところか。

「昔はブッタイ（三角網）でとっていたんですが、もっと楽に効率よくとる方法はないかと試行錯誤を続けて、たどり着いたのがこの形です。どうやら〝のぼりウゲ〟に分類されるとかで、漁業法上は違反になるのだそうです。三年振りに使ってみたけど、やっぱり許されないのかなあ？」

ひょっとして、この部分はオフレコにしておいたほうがいいのかも。後述するスジエビ漁と共通しているのは、ともに平水時にやる漁であり、水が澄んでいて漁具の中にどれだけ獲物が入ったかを確認しつつ行う点が、何とも愉快だ。〝のぼりウゲ〟と判断されていることからも分かるように、片桐自作のこの仕掛けは、川縁の浅瀬に小さな堰をつくる格好で、魚の入口を川の下流に向け据えておく。気づかれないように遠巻きに見ていると、辺りを警戒しつつ斥候のよ

何とものどかなイサザ漁。“動の人”片桐も、この漁だけは思うにまかせられない？

うに遡上してくるウキゴリの動きが、何ともユーモラスで微笑ましい。
このあたりでとれるウキゴリは河口の汽水域で産卵したもので、遡上しながら成長し、このあと上流（といっても船明ダムを越えてはのぼれない）で捕獲されるときには、見違えるほど大きくなっているという。今、下流のこの場所でとれているウキゴリは、せいぜい二〜三センチのサイズしかない。
「以前は一日で四十キロもとれたものです。河原で即佃煮にする人もいましたね。ウキゴリはとったその日に処理しないと、煮崩れてしまいますから。シーズンの終わりごろにとれる大きなヤツは、唐揚げにするとおいしいですよ」
そんな話を聞きながら、とりあえずこの日とれた三キロほどのウキゴリを携えて店にもどると、片桐はさっそく佃煮作りの準備をはじめた。

一瞬メダカと見紛うイサザ。成長すると10センチ以上になる

“幻の”という形容がふさわしい
イサザの佃煮作り。下は生のイ
サザ。おろしショウガで食べる

ウキゴリは魚体の八割が水分だそうで、醬油、味醂、砂糖（黄ザラ）だけ加えて炊きあげる。一回目は沸騰して煮詰まればオーケーで、しばらくして水分がにじみ出てきたら二回目の炊きあげをやり、三回目で完全に煮詰めて終了となる。

一回目の煮あげのときにはまだ若干生臭さが残っていたが、炊きあがった佃煮はしっとりと味と色がのり、貴重な天竜川産の珍味に仕上がっていた。珍味といえば、片桐が特別に仕込んだウキゴリの塩辛は、微妙な小魚の甘みが引き出されていて、あとを引く旨さだった。日本酒の酒肴として、ここまで上等のものはそうそうお目にかかれない。医者要らずの肴は、意外なポテンシャルを秘めていた。

人知れず営まれるミクロの行進

イサザ漁から三週間後の九月半ば、こんどは同じ道具を使ったスジエビ漁に立ち合った。前者と根本的に異なるのは、スジエビ漁は夜に行われる漁であることだ。

夜十時、片桐に同行して前回とほぼ同じ場所、東海道線の鉄橋上手の河原に向かった。昼と夜の違いは決定的で、同じポイントにいるにもかかわらず、まるで別世界にきたような気分になる。九月半ばといってもまだ秋の気配にはほど遠く、昼の蒸し暑さが引いた夜の河原はちょうどいい涼しさで、汗を忘れて何とも爽やかだ。地方河川に残るこうした伝統漁法は風土をそのまま映すものであり、貴重な文化遺産と言っていいだろう。夜の帳《とばり》が気分を感傷的にさせる。

「ひとりになってもこの川で漁を続けている理由は、もちろんこれが生活の糧であることのほかに、地方が営々として紡いできた生活文化を失いたくないからです。でも、ここまできたら、どうあがいても無駄なことは分かっています。ただ、私は日本人のひとり、ひとりに問いたいんです。本当にこのまま、すべてを終わらせていいのか、って」

そう、片桐は半ば〝機械〟と化した人類に、はっきり未来はないと言っているのである。人間は単なる生物の一種にすぎないのに、その明白な限界（宿命）を見誤った。みずからの生存のために欠かせない山（森）や川や海を、いともあっさりと屠り去ってしまった。それらはコンピュータで置き換えられると思ったら、大きな間違いだ。残念ながら、生物はコンピュータを栄養にして生きてゆくことはできない。有機物を食料として体内にとり込み、生きた自然やそこを住処とする他の生き物との関係性を保つことでしか、人間は生を維持できない仕組みになっている。

あなたは、地球が壊れたら宇宙に逃げられるから大丈夫、と安心しているかもしれない。むろん、現在の宇宙開発がそうした他愛もない発想を基にしていることは、たしかなことだ。将来、宇宙空間に巨大な宇宙ステーションが浮かび、念願の宇宙都市が実現するかもしれない。しかし、そこで暮らすことができるのは、地球で誕生した生物学的意味での人類ではない。早い話が、無機的な宇宙都市で生きてゆけるのはサイボーグでしかなく、やわな人類ではありえない。

人間が宇宙空間で生きられないのは、単に物理的、生物学的理由からだけではない。もっとも大きな障壁は、人類がその発生以来複雑な感受性をそなえ、それを地球上の掛けがえのない自然の中で育み続けてきたことにある。つまり、人類は誕生以来、常に自然（もしくはそう呼べるもの）とともにあり、それ抜きには生存できない生物種というわけだ。宇宙空間に飛び出したとき、仮に物理的に適応できたとしても（できないことは、ステーションから帰還する宇宙飛行士のリハビリを見れば明らか）、早晩精神に破綻をきたすであろうことは、火を見るより明らかだ。やわな人類は、自然がないところでは一日たりとも生きてゆけないのである。

そんな分析もなしに、文字どおり無軌道に続けられる宇宙開発とは、いったい何なのだろう。その前に対処、解決すべき難題が、この惑星上にはごまんとあるはずだ。温暖化、内戦、飢餓、人権問題……。しかし、何はさておいても、我々がまっ先に立ち戻らなければならないのは、人間の感受性の源泉たる〝自然〟をおいてほかにない。片桐の危惧もまさにその一点から発している。「このまま、すべてを終わらせていいのか」と問う天竜最後の川漁師のくぐもった声が、漆黒の河原に浮遊して、いつまでも消えなかった。

ふと我に返った片桐が、ヘッドランプをつけて箱の中をのぞき込む。極小の美しいエビが、あたかも消えゆく自然の最終ランナーでもあるかのごとく、出口を失ってモゾモゾと網の内側をはい回っている。なかには、網を伝って水流が届かない箱の上のほうまではいのぼったツワモノもいる。赤味がさした透明の体色は、さながら〝生ける宝石〟を思わせる。

「昔はひと晩で八キロもとれた。彼らは河口から二～十五キロぐらいの汽水域で産卵し、その

あと遡上をはじめる。せいぜい二俣あたりまでしかのぼらない。スジエビは成長しても六センチどまりです」

健気なものである。そんな生態を聞いたあと、改めて水中に目をやれば、小石の間を縫うように、夥《おびただ》しい数のスジエビが本能につき動かされるように、上流へ、上流へとミクロの行進に余念がない。日ごろ見慣れた足元を流れる川で、まさかこんな自然のドラマが展開されていようとは、いったい誰が思い描くことができるだろう。「野生とはとても脆く、しかも意外と強靱」とは片桐の口癖だが、それはこうした光景を指して言っているのかもしれない。むろん、その強靱さにはおのずと限界があることは、ほかの誰よりも片桐自身がより痛切にわきまえている。だからこそ、日本人のひとりひとりに、「このまま終わらせていいのか」と問うているのである。

闇夜の川原で２時間ほど哲学談義をしたあと、いざ特製ウゲを引き揚げると、宝石のようなスジエビが…

わずか二百グラムの貰いスジエビを店にもち帰った片桐は、ウキゴリと同様、佃煮に加工した。使う調味料は味醂、砂糖、塩のみで、やはり三回の煮あげを経て完成させた。煮あげるごとに赤い色がのり、エビ特有の風味も高くなる。最後（三回目）に加えた水飴は、エビに照りを出すとともに、エビ同士を絡めるためのものだ。炊きあげが終了しても、片桐はすぐには試食させてくれない。

「佃煮は少し冷めてからでないと味がのらない。砂糖の生っぽさが落ちつくのを待つわけです」

なるほど、くれ騙しを食ったあとのスジエビは驚くほど風味がのり、じつに旨い。熱がひくほど味に深みが出て、しかも赤みが増してくる。たかが佃煮、されど佃煮である。たしかに素材の善し悪しは重要だが、料理の味はプロの技で

スジエビの佃煮作り。味醂、砂糖、塩のみで、3回煮あげる

いかようにでもコントロールできるということか。
　ふだん片桐に付き添って猟（漁）の現場にばかり出ていると、つい片桐が料理人という貌《かお》を併せもつ、じつに有能な生活者であることを忘れ勝ちになる。片桐がここまで狩猟及び川漁の技術を高めることができたのも、まず自分は何よりも先に料理人である、という自覚があったからだ。「最高の素材が欲しいばっかりに、どんどん猟（漁）にのめり込んでいった」とは片桐が常々吐露する言葉だが、いい素材が手に入れば入るほど、こんどはそれを生かす料理に力を入れざるを得なくなる。
　こうした循環が片桐を狩猟及び川漁の達人に育て、同時に名料理人を生む背景にもなったのだ。世の中に名だたる料理人はごまんといるが、自分が使う料理素材をほとんどすべ

煮あげの３回目にわずかの水飴を加えると、スジエビがいちだんと美しい照りを帯びた

て、みずから身を挺して確保する料理人は、まず片桐をおいてほかにはいないだろう。ここに竹染の竹染たる所以《ゆえん》があり、片桐が作る料理をわざわざ食べる価値もあるのである。

クロウルカは食文化の華

ウキゴリとスジエビの佃煮にふれたついでに、もうひとつの〝小さい料理〟、ウルカについて記しておきたい。竹染で味わった数々の珠玉の料理の中でも、ウルカはその筆頭に挙げたいくらいの逸品であるからだ。

ひと口にウルカといっても、片桐が作るのは「クロウルカ」と「子ウルカ」の二種。クロウルカはその色味からドロウルカとも呼ぶ。たしかに一見ドロ（泥）にしか見えないが、この呼び方は食べ物につける名称としては、ちょっと頂けない。味が絶品であるだけに、〝ドロ〟を使うのは願い下げにしてほしいものだ。

さて、アユ漁の項で友釣りと投網のことを書いた。片桐は友釣りで釣れる大型アユはクロウルカ用、投網でとれる八月以降の成熟したアユは子ウルカ用と仕分けしている。つまり、腹掻きした大型アユの内臓（使うのは腸と肝臓のみ）はクロウルカの材料に、シーズン後半に捕獲したアユの白子（オス）と卵（メス）で子ウルカを仕込むわけである。クロウルカ、子ウルカともに、素材以外に加えるのは塩のみだ。

「シンプルだけど、じつはウルカは奥が深い。まず天然のアユでないと、おいしいウルカはぜったいにできない。養殖ものでつくったりしたら、脂っぽい上に餌臭くて、まず食えたものではないですよ。子ウルカは旨みが出てくるのに一カ月ほどかかりますが、そのあとは浅漬けで、なるべく早く食べたほうが旨いですね」

一方、クロウルカは最低でも半年は寝かせる必要がある。年を経るにしたがって旨みが増すが、浮き出てくる汁はこまめに掬いとっているらしい。これがいわゆる〝年代もの〟で、竹染では五年もののクロウルカを保存している。

「クロウルカは昔は薬扱いでした。腹痛、出来物、傷の手当はもちろん、オフクロが子どものころには、赤痢などの疫病にも利用されたらしい。よく『山向こうの浦川（旧佐久間町）まで買いに行かされた』と話していました。常備薬として必需品だったんです」

浦川は天竜川の支流、大千瀬川のほとりに開けた町で、大千瀬の渓流はアユ漁のメッカとして有名だった。片桐の母たまは、その浦川までクロウルカを求めて、下里から片道三時間かかる山道を使い走りに出されたのである。それほどまでに、当時のクロウルカは薬として貴重であったのだ。片桐がときどき龍山にいるたまにクロウルカを届けると、今でも「ワシャ（私は）、これ（クロウルカ）を薬と思って食べている」という返事がかえってくるらしい。

クロウルカの成分組成までは分からないが、現代のように薬局で自由に薬が手に入る状況とは異なり、医者も薬も身近になかった時代には、まさに万能薬としての役目を果たしていたに違い

ない。宮崎の椎葉では、その役目をヤマバチ（ニホンミツバチ）の蜂蜜が担っていたように……。

まず子ウルカから試食する。口に入れる前に、その色の鮮やかさに目が奪われてしまった。白子の白と、魚卵の黄色が絡み合って、まるで食後のデザートのようにも見える。口にふくむとこれが何とも濃厚で、とても川魚の料理とは思えない。ただ、塩漬けの期間が短い（浅漬け）こともあり、塩気のまろやかさは今ひとつ。すかさず、片桐から「味醂を一滴落としてみて下さい」と、さり気ないひと言。この料理人は、もとよりすべてを見抜いているのだ。その一滴で子ウルカの味が別の次元に昇華したことは、言うまでもない。

ちなみに、二キロの子ウルカをつくるために、じつに六百匹の成熟アユの白子と卵が使

鮮やかな白（白子）と、黄（魚卵）のコントラスト。チーズのように濃厚な子ウルカ

われている。夜、浅瀬で打った投網のシーンが思い出される。

クロウルカのほうは、もったいなくも五年ものの〝お宝〟が振る舞われた。

「お恥ずかしい話ですが、ことしのクロウルカは塩分を十三〜十四パーセントに落として仕込んでみたのですが、カビが生えてしまって……。失敗でした。じつに微妙なところですが、これが十五〜十六パーセントなら、まったく問題は起こらない」

と、五年ものを瓶から猪口に小分けしつつ、片桐が苦笑している。弘法にも筆の誤り、達人でもこんなポカをしでかすことがあるらしい。それにしても、たった一パーセントの塩加減が、珍味と腐敗物を分けているとは。

さてさて、お宝を慎重に口に運ぶ。私はつい、「アレッ?」と口走りそうになった。い

まさに"お宝"の5年もののクロウルカ。「生きていてよかった」と思わせる逸品

つも食べつけている塩気が勝ったウルカとは、まるで別物なのだ。まさに旨みの極み、とうにウルカの範疇を超えている。以前、同じ感動を湖東（滋賀）の料理屋で味わったことがある。旧五個荘町「納屋孫」の主、関目正樹に馳走になった三年ものの鮒寿司のことである。

それは、臭みなどといった下衆《げす》なモノサシではは[か]れない、まさしく味の芸術品だった。ニゴロブナとともに木桶に詰めた飯は乳酸発酵の過程でとけてなくなり、フナの骨や鰓《えら》もとっくに硬さを失っている。凝縮された旨みが神秘的ですらあった。じっさい食べるのがはばかられるほどで、食文化の粋に出合った感動で、容易に興奮がおさまらなかった。今、五年もののクロウルカを舌にのせて、そのときの気持の高ぶりが蘇ってきた。

こんな感覚に襲われるのは、滅多にあることではない。いやむしろ、こうした食文化の華に遭遇するのは、千載一遇の確率でしかない。玄妙にして、どこまでもまろやかなクロウルカの味わいは、人間の叡智の結晶にほかならない。その同じ人類が、みずからウルカを産み出す自然環境をいとも平然と破壊している現実……。このアンビバレンスをどう理解すべきか。

片桐が担いでいるのは、30キロの生きたイノシシ。寸前に素手で捕らえたものだ

九章

シカのヒレステーキの〝衝撃〟

若手主体の希有なハンター組

秋が深まり、川の漁が一段落すると、ふたたび狩猟のシーズンがめぐってくる。はじめの章で片桐の罠猟についてふれたが、それが彼の猟のすべてではない。じつは三カ月の猟期の間に、片桐は二日間だけ鉄砲を使う猟に出る。それも罠猟のときのような単独猟ではなく、複数名によるグループ猟（組猟）を行うのである。つまり、十一月十五日の解禁日（初猟の日）と、二月十五日の終猟の日がこれ（組猟）にあてられている。しかも、この組猟ではターゲットはイノシシやシカではなく、野鳥のカモである。もちろん、銃には一発玉（実弾）ではなく散弾が込められる。

十一月十五日の早朝、竹染に集まった顔触れには馴染みがあった。全員、竹染で折々に開かれる親族の懇親会に出てくるメンバーであったからだ。兄の啓助、嫁（有紀）の父親である山本一正、娘婿の末永裕哉、甥（姉・美津子の長男）の大石高宏、娘の淳子に加え、片桐家からは片桐本人とふたりの息子（尚矢と真矢）、それに嫁の有紀が参加する。近年はどこの猟友会でも会員の減少と高齢化に頭を抱えているが、こと片桐チームにおいてはそんな心配はまるで無縁だ。若手主体で、しかも若い女性ハンターがふたりもいるのだから、全国的にみても希有な狩猟集団と言っていいだろう。

総勢九名の一団が向かった先は、いつも川舟を係留してある竹染西側の河原だった。聞けばカモ猟の舞台は川漁と同じ天竜川だという。考えてみれば、水鳥であるカモにとって、広い水面を有する天竜川は一級の休憩場所にほかならない。同時に、広大な河原に足を踏み入れる人間や天敵はほとんどなく、まさにそこは野鳥の楽園なのである。逆に言えば、そこに目をつければ確実に猟果はあがるわけで、狩猟の達人の目のつけ所として当然といえば、当然のことかもしれない。しかし、川舟からのカモ猟と説明されても、そんなシチュエーションでの狩猟をはじめて経験する私には、どんな風にカモが射止められるのか、容易にイメージすることができなかった。

九人のハンターと猟犬ルルの入った箱（檻）をのせた川舟は、いつになく静々と下流に向け

いざ舟で出漁ならぬ出猟。前列の妙齢の美女が娘の淳子（左）と、嫁の有紀（右）

天竜川を下りはじめた。国道一五二号をわたす飛龍大橋をすぎたあたりから、明らかに舟上の緊張感は高まり、雑談もピタッとやんだ。双眼鏡をのぞき込む尚矢の表情が、何よりも雄弁に臨戦態勢に入ったことを物語っている。

そうこうするうちに、双眼鏡で下流を見張っていた尚矢が、「いた、いた！ 右側の淀み」と低い声で片桐に知らせた。すると、舟足を弱めた片桐は、遥か下流の水面に浮かんでいるカモに悟られないよう、舟をソロリと右岸の河原に寄せた。真矢が真っ先に岸辺に飛び降り、舟が流されないよう斜面の上にアンカーを引き上げる。

河原に降り立ったメンバーは銘々、銃に散弾を詰め、カモが浮かんでいる水面の方角を指して、一団となって河原を歩きはじめた。カモの群れとの距離は一キロといったところか。片桐が私に小声で、「気付かれないように陸《おか》を歩いていって、カモの背後をつくんです」と説明してくれた以外、もう誰も口を利くことはなかった。

音やモノの動きに極めて敏感なカモは、ほんのわずかでも異常を察知すると、その瞬間に水面を蹴って空に舞い上がってしまう。藪となった河原を一キロも歩くのだから、いざ引き金を引く前にカモに逃げられたのでは、ハンターたちの気持がめげるのは避けられない。

カモが浮かんでいるはずの場所に近づくと、メンバーは腰を落とし膝を地面について、いっそう慎重ににじり寄ってゆく。背後から彼らの様子を眺めているだけで、息苦しいほどの緊迫感が伝わってくる。ふたりの若き女性ハンターも、いささかも気後れすることなく、チームの動きに

とけ込んでいる。カモとの間合いをギリギリまで詰めたところで、片桐がメンバーのひとりひとりに指と目で配置の指示を出した。

人間の背丈ほどの葦の薮ひとつ隔てたところで、人間の接近を露とも気付かないカモの群れが、今まさに運命の岐路に立たされている。

メンバー全員がすっくと立ち上がった刹那、カモが一斉に水面から飛び上がった。同時に九つの銃口からそろって散弾が発射され、二十羽ほど舞い上がったカモのうち、被弾した二羽が呆気《あっけ》なく水面に落下し、もう一羽は中空でしばらくバタバタともがいた末に、百メートルほど先のブッシュの中に急降下して消えた。

目の前の水面に落ちた二羽は真矢がまっ先に拾い、ブッシュに落ちた一羽を全員で手分けして探すも、容易に見つからない。そこで、舟にもどった尚矢がルルが入った箱の蓋を開け、猟

時に匍匐前進を交え、気付かれないようカモとの間合いを詰める。その上で、一瞬に射撃にうつる

浅瀬に落ちた３羽のカルガモを拾いあげた真矢。いちばんの若手だが、すでにチームの要になっている

犬を解放する。
ルルは一キロの距離を易々と駆け抜け、ブッシュへと突進する。すると、次の瞬間にはブッシュの中で息絶えたカモを探し出し、口にくわえて片桐のもとへと勢いこんで運んできた。ルルはラブラドール・レトリバーの老犬だが、ふだんあまり鎖が解かれることがないせいか、このときとばかり、獲物を届けたあともやたらめったら河原を駆けずり回っている。このあとルルは、水上に落ちたカモを捕獲するシーンも何度か見せてくれたが、さすがに鳥猟犬として知られるレトリバーだけあって、泳ぎのテクニックもじつに巧みなものだった。

淡水ガモと海ガモの見分け方

舟にもどると、捕ったばかりのカモの腹掻き

川上の水面に落ちたカモを、舟から回収する娘婿の末永裕哉。彼も山の猟ではシシやシカを追う

がはじまった。内臓をとり出し、血洗いをして、細い腸には丁寧にナイフを入れ、よく川水で洗う。内臓のうちでも心臓、砂肝、レバー、それと腸はクーラーに入れて家にもち帰り、刺身で食する。若手のハンターたちに腹掻きを任せた片桐が、カモにまつわる蘊蓄を傾ける。

「ここらでは淡水ガモ（陸ガモ）が中心で、たまに海ガモが混じります。淡水ガモとしてはカルガモ、マガモ、コガモ、ヒドリガモ、ヨシガモなどがおり、海ガモにはキンクロハジロやクロガモがいます。狩猟でいちばん捕れるのは、淡水ガモのカルガモとマガモです。食べて旨いのはマガモ、カルガモ、そしてコガモです。一般的には、足が赤いカモは旨いということになっています」

肉の旨さからいえば、陸上動物ではシシ、鳥類ではやはりカモに止めを刺すだろう。私が本

全員でカモの腹掻き作業。処理の手間はかかるが、内臓も刺身の大事な具材となる

当に旨いカモ肉と出遭ったのは、もう二十年も前、秋田・若美町（現男鹿市）の農家でのことだった。主の大越昇とは大豆の取材を通して知り合い、はじめての訪問で振る舞われたのが〝カモ鍋〟だった。旧八郎潟の名残の水路で射止めたカルガモを使い、ダマコとセリで仕立てた飛び切りの鍋だった。醬油にほんの少しの味噌を加えた味付けも秀逸だった。

「ひと口にカモといっても、ピンからキリまであります。最高においしいのは居《い》つきのカルガモで、秋の落ち穂を存分に食べて太った十二月ごろのカモが絶品です」

大越はその折、自信たっぷりにこう胸を張ったものだ。落ち穂がなくなり、カモが動物性タンパク（主に魚）をついばみはじめると、途端に味が落ちるとも言っていた。そのとおりなのだ。ふだん植物性タンパクを餌にして暮らしている動物は、一般的にその肉は美味で、逆に雑食性の動物ではあまり肉の味は期待できない。それが典型的に出るのがシシ肉であり、私が長く通った宮崎の県北では、肉の味によってわざわざ〝山ジシ〟〝海ジシ〟と分けて評価していた。

つまり、ドングリ（カシの実）やクズ根を食べて育つ山ジシと、海寄りに住み、ミミズやカニなど（動物タンパク）も食べる雑食性の海ジシとを、はっきり区別していたのである。これは経験しないと理解できないことだが、現場で猟師にたびたびシシ肉を振る舞われているうちに、なるほど両者の間に明確な味の差があることを知った。その違いをひと言で言えば、山ジシのほうは肉が臭くなく、脂が爽やかだということに尽きる。要するに、植物性タンパクを主食とする山ジシの肉の脂肪粒は小さいということであり、これはそのまま家畜の肉にも当てはまる。濃厚飼料で育った家畜の肉がまずいのはそのためで、しかもそれが人間の成人病の原因になっているのは自明のことだ。

話が横道にそれてしまったが、片桐の蘊蓄話はまだまだ続く。

「淡水ガモと海ガモの判別は、素人でも可能ですよ。水面に浮かんでいるカモを見て、尻が浮いているのが淡水ガモ、尻が沈んでいたら海ガモです。また、水に浮かんだ状態から空に飛び上がるとき、滑走を必要とするのが海ガモ、そのまま飛び立てるのが淡水ガモなんです」

まさに希代の観察者である片桐ならではの、じつに興味津々の解説だ。こんな話を子どもたちに聞かせたら、身をのり出し、目を輝かせて聞き入るに違いない。

「以前、カワウが全国の河川や湖で異常繁殖していることはお話ししましたが、それに引き替え、どのカモも減少の一途をたどっている。二十年ぐらい前までは、このあたりでカワウを目にすることなぞ、一度もなかったですからね。スズメやカモといった、人間のもっとも身近にいる野鳥たちは、蜜蜂同様に、この惑星の自然環境の〝今〟を教えてくれるバロメーターなんです。暮らしの周りに煩しいほどいたスズメやカモが、いつの間にか希少生物になってしまいました」

環境の劣化を、推して知るべしだ。このあと舟の上から目にした鳥は、ウを除けばアオサギ、シラサギ、コサギなどに加え、木の枝で羽を休めるわずかばかりのトビだけだった。下流の浅瀬で群れて産卵するアユの姿に、妙にホッとする始末であった。

結局、この日のカモ猟では、まず双眼鏡で遠くの水面に浮かぶ群れをいち早く発見し、陸を迂回してカモの背後をつくというパターンを繰り返し、最終的に三十羽近くの獲物を手に入れた。カルガモが最高の十二羽で、海ガモはキンクロハジロがわずかに一羽捕れただけだった。

内臓の刺身をアブラ塩で食する愉悦

猟を終えたのは河口に近い掛塚橋《かけつか》(国道一五〇号に架かる)に近い地点で、舟の係留場所からじつに二十五キロ近く下ったことになる。舟を反転させ、帰路につくころには秋の陽はとっぷりと暮れ、浅い瀬に差しかかるたびにライトをつけ、航路を確かめつつ遡上した。しかし、浅瀬以外の場所では、夜目が利き、川を知り尽くしている片桐は、何ら進路の暗さに臆することなく、フルスロットルで愛舟を操り、無事いつもの係留場所に横付けした。

一日がかりのカモ猟は、単に狩猟の楽しみを全員で共有するだけでなく、おのずと親族の絆を深める巧まざる機会にもなっている。

だが、この日もちゃんと、夜の部が座敷に準備されていた。見覚えのある顔がすでに竹染の広間に集まり、今か今かとカモ料理の登場を待っている。だから、片桐とふたりの息子たちはシャワーを浴びる暇もなく、捕ったばかりのカモの調理にとりかかった。いつもどおり、満面に笑みをたたえ、集まった一同に最高のもてなしで応えようと、料理作りに奮闘する。狩猟がすべて片桐スタイルで行われるように、一族の懇親会もまさに片桐方式で貫かれている。

　カモ料理といえば、秋田の大越家でも鍋に仕立てていたように、ほかには〝カモナン〟（そば／うどん）に入れるくらいで、カモ肉の使い方はほぼ一定している。しかし、竹染では鍋と並んで〝刺身〟が主役を演じる。ひと口に刺身といっても、胸肉（ロース）と内臓が別々の皿に盛られて出てくる。胸肉は刺身に切る前にサッとあぶってあるため、ちょうど大輪の花びらといった風情がある。一方、内臓では心臓、砂肝、レバー、腸が使われていて、砂肝の鮮やかな緋色と腸の明るいピンクが美しい。胸肉はともかく、内臓の盛り合わせをはじめて見たときには、雑食性人類を自認する筆者も、さすがに腰が引けた。

　これら刺身は特製の〝アブラ塩《じお》〟をつけて食べる。植物性油に岩塩をとかした竹染自慢のタレだ。淡泊で滑らかな舌触りの胸肉は文句のつ

獲物を前に記念撮影。ふたりの孫も加わって

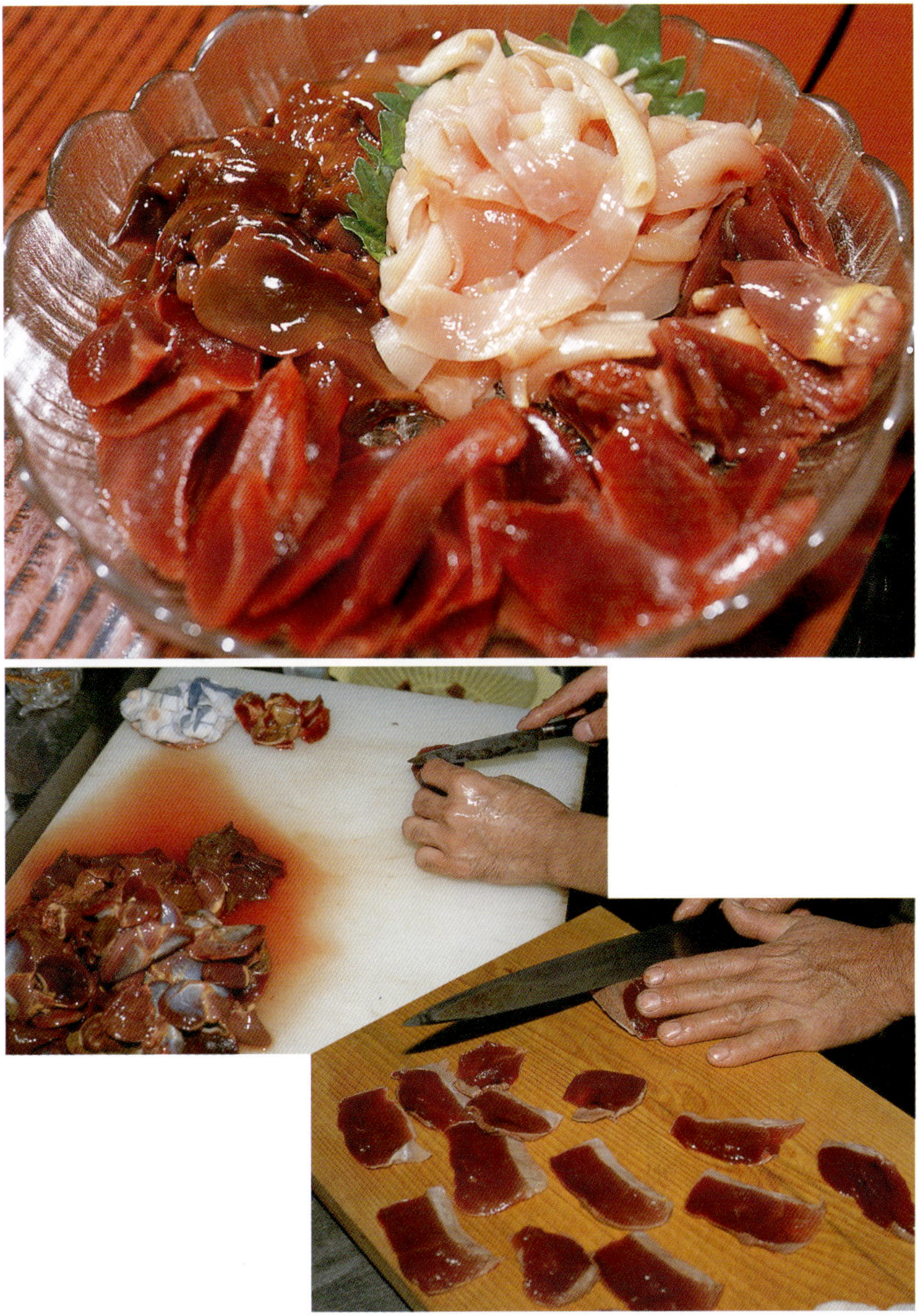

(上)本邦初公開(?)、カモの内臓の刺身盛り合わせ。ピンク色の腸から時計回りに心臓、砂肝、レバーの順
(中・下)刺身の調理。上が砂肝で、下がロース。ジビエ料理の真骨頂だ

けようがないが、私が内心舌を巻いたのは内臓の刺身のほうだった。
コリコリといった感触の砂肝と腸、それと対照的にネットリと舌に絡んでくるレバー、そしてこれらの中間的な食感の心臓。味もそれぞれに個性があるが、しっかり水洗いされているため、まったく臭みは感じられない。しかも、アブラ塩との相性がバツグンなのだ。アブラ塩は生肉の風味をいささかも損なうことなく、刺身に対する抵抗感をさりげなく和らげてくれる。アブラ塩がなかったら、ここまでおいしく、また楽しくカモ刺を味わうことはできないだろう。
一方の鍋、である。スープは醤油と塩の組み合わせで、見た目の色はごく薄い。このあとシシ鍋についても触れるが、や

塩をスープの基本に使う竹染のカモ鍋。文句のつけようがない一級の旨さ

はりスープの基本は味噌ではなく、塩だった。竹染の料理においては、味覚の基軸は常に塩なのである。鍋に入れる具は胸肉を筆頭に、豆腐、シラタキ、シイタケ、ニンジン、ダイコン、白菜、ネギなど。秋田のカモ鍋は胸肉、ダマコ、セリのコンビネーションが絶妙で、完全に北国のカモ鍋のスタンダードとなっていた。醬油に味噌を加えたスープとの相性もよく、竹染のカモ鍋を知る前までは、これを超えるカモ鍋はほかにはないだろうと思っていた。

しかし、である。片桐は狩猟と調理の両方においてプロ中のプロであり、さばく技術と塩の使い方についても、一日以上の長がある。鍋をひと口、口に放り込んだ時点で、勝負は決まっていた。やはり、塩がじつによくその役割を果たしているのである。肉の旨みと野菜の甘みが余すところなく引き出されている。が、よくよく考えてみれば、ジビエの一方の雄であるカモ肉、それも天然のカルガモに対し、甲乙つけることじたい、余計なことかもしれない。もとよりカルガモの肉は、目玉が飛び出すくらい旨いものなのだから……。

シカをトナカイと呼んだ子供たち

さて、初猟の日をファミリー・ハンティングと宴会でスタートさせた片桐は、翌日からはまた長いシシ猟のシーズンに突入する。三十個の罠を完全に仕掛け終わるのには、だいたい一週間〜十日を要する。最初の獲物がかかるのは、仕掛けはじめて二〜三日後ということが多い。かかる獲物はほとんどがシシだが、次にシカが続き、稀にカモシカ、キツネ、タヌキ、アナグマ、アライグマ、サル、テン、ハクビシン、野ウサギなどがかかる。さらに稀に、山に迷い込んだ飼い犬や飼い猫がかかることもある。

厄介なのは、グループ猟をする鉄砲のチームの猟犬が罠にかかったときだ。片桐は鉄砲チームの猟場と罠を仕掛ける場所が重ならないよう極力注意しているが、それでもシシを深追いした猟犬が誤って罠にかかることがある。私が長く通った宮崎の山間部では、しばしば裁判にまでなったケースがあったと聞いているが、片桐の罠猟ではそこまで重大な問題に発展したことはなかったという。これについては、片桐は「最終的には、犬をロープで繋ぎとめておかない鉄砲側に法律違反があるわけですから、こちらは何も臆することはありません」と達観している。その上で、鉄砲チームとの間に無用ないざこざを起こしたくないと気を遣うところに、片桐の罠猟師としての矜持がうかがえるのである。

三カ月の猟期の間に五〜六度も片桐の罠猟に同行したおかげで、シシやシカが罠にかかったシーンに何度も立ち合うことができた。多い日には、一日に四頭もシシがとれた日もあった。三十キロぐらいまでの大きさなら、片桐は鼻取りも使わずズカズカとシシに近づき、アッという間に四肢を縛りあげてしまう。それをサッと肩に担ぎあげ、悠々とジープにもどってくる姿には、さしずめ〝天竜の金太郎〟の風情が漂う。

あるときは、体重が九十キロに近いシカがとれたことがあった。枝角が三段に盛り上がった六

～七歳の牡で、最初罠にかかった姿を見たときは、余りのガタイの大きさに、誤って牛でもかかったのかと早とちりしたほどだ。

林道の法面の上側に仕掛けた罠にかかったもので、すでにかなり長い時間暴れたとみえ、罠の支柱になっている木の周りに深い溝ができていた。三歳ぐらいのもっとも荒びる年齢のシシがかかったときなどは、易々と一メートルぐらいの深さの穴を掘ってしまう。

さて、はじめは必死に逃げようともがいていた牡《お》ジカは、とても逃げられないと観念した途端、こんどは巨大な角をかざして猛然と片桐に向かってきた。

「牝《めす》ならそのまま抱きついて押さえこめるけど、牡《おす》は角があるからそう簡単にはいかない。それに、角と同じくらい危険なのが後ろ足。馬のように蹴り上げられたら、間違いなく大怪我

罠に掛かった体重90キロの牡ジカ。三段の枝角が見事で、山の主の風格があった

をする。特に、足を縛るときが要注意なんです」
と、言うが早いか、片桐は例の鼻取りを、突進してくるシカにかざして、片方の角に巧妙に絡ませた。間髪を入れずに、鼻取りのワイヤーを先に足を捕らえたワイヤーと対角の位置に固定する。これでシカの自由は大方奪われ、あとは力なくもがくばかりだ。牡ジカはみずからの運命を悟ったかのように、急に悲しげな声を挙げて泣き出した。意外な声の大きさに、はじめてこうした場面に立ち合った私は、慌てて後退りする始末だった。その泣き声はガムテープで目隠しされるまで続いた。

次に片桐は、素早く角の一方を握ってシカの体を引き倒し、後ろ足の一本を手近な木に固定しておいて、そこにもう一本を束ねにかかった。危険な後ろ足の扱いはあくまで慎重だ。続いてワイヤーに捕らえられていないほうの前足を角に括りつける。これで完全にシカの動きは止まり、そのスキに片桐は手早く目隠しのテープで顔をグルグル巻きにしてしまう。泣き叫んでいたさしもの大ジカも、視界をものの見事にふさがれて、急に静かになるしかなかった。あとは足のワイヤーをほどき、四本の足を束ねて角に縛りつけてしまえば、面倒な牡ジカの捕獲作業は完了となる。

この日、シカを四駆の後部デッキに積んで山を下りきったところで、学校帰りの小学生の一団と行き合った。すると年嵩の男の子が目ざとくデッキの大ジカを見つけ、嬉々として「あっ、トナカイだ」と口走った。母親とみられる付き添いの女性も、トナカイとシカの区別もつかないま

角と後ろ足に最高度の注意を払いつつ、片桐は結局90キロの大ジカも組み伏せた

ま、子どもと一緒に目隠しされて大人しくなった牡ジカをのぞき込んでいる。

　片桐が「トナカイじゃなくてニホンジカだよ」と子どもに諭すと、怪訝《けげん》そうに考え込んでしまった。クリスマスとセットでトナカイのことは知り得ても、身近な林野で大繁殖しているシカについては、彼ら（日本人）はほとんど無知なのだ。シカの食害といっても、山に寄り添う暮らしが崩壊した今、彼らの目にはまるでシカが見えていない。

　そんな有様だから、今、野生動物がどんな生息環境に置かれているかなど、日本人はまるで関心を示さない。里山にたむろし、畑を荒らすしか術《すべ》をもたない状況に追い込まれた動物たちの境遇を、考えてみようともしない。

　野生動物たちは、本来ならけして棲息場所たり得ない里山で、恐怖（もちろん一番怖いのは

子供たちの「あっ、トナカイだ」の言葉に苦笑する片桐。彼らにとっては、家の裏山にいるシカよりも、テレビで見るトナカイのほうが身近なのだ

人間）と闘いながら、やむなく暮らしているのである。子どもたちがトナカイとシカの判別ができないことは、じつはそれほど深刻な問題ではない。彼らにぜひ理解してほしいのは、人が住む家のすぐ裏まで野生動物が下りてこなければならない、真の理由のほうなのだ。早い話が、片桐が町場に限りなく近い里山で狩猟ができること自体、じつに異様な状況なのだから。

獣臭を完璧にとり去る失血法

さて、シシにしろシカにしろ、生け捕りにされた獲物はすべて、その日のうちに自家の解体場に運ばれてくる。目隠しをされて長い時間がたっていることもあり、ジムニーから降ろされる際には、もうひどく暴れる獲物はいない。半ば、みずからの運命を悟っているようにも見える。猟の過程で、この時間帯ほど命の尊厳と向き合う場面は、ほかにない。解体場のコンクリートの上に、目隠しをされて静かに横たわったシシが、私にはその都度、神と映った。すでにシシの肉体はその場から消え失せ、身替わりとなった神が逃げようのない運命を引き受けている――そう思えてならなかった。

片桐がおもむろに神棚の下から槍を取り出した。長年の研鑽の末に、ようやくたどりついた屠殺術だ。すべては、客に最高の肉を供したいという思いから発している。獣臭のしない、誰もが喜んで食べてくれるジビエ……。その理想を実現させたのが、生け捕りからこの屠殺へと至る片桐独自のノウハウだった。

「常々、獲物に憐れみをおぼえたら終わり、と念じてきました。神から授かった大切な命をいただくわけですから、こちらも中途半端な気持で対処することはできない。全身全霊で野生動物と向き合い、しっかり彼らの魂を神のもとへもどしてあげたい、と。だからこそ、肉の処理には最善を尽くし、それをお客さんが喜んで食べてくれることで、獲物への一番の供養になると考えています」

片桐は槍を携えて、シシの背後にそっと立った。次の瞬間、シシの右の鎖骨の後ろから心臓目がけて、素早く槍が差し込まれる。まさに束の間の出来事で、最初は何が起きたのか、まるで理解できなかった。

「このひと刺しをマスターするのに、正直、何年もかかりました。単に心臓に穴を開ければいいというわけではなく、なるべく小さな穴でないとダメなんです。一頭一頭皮の厚さも違えば、心臓の大きさにも差がある。だから、突き刺す加減を一頭一頭変える必要があるんです」

槍を胸に受けた瞬間、シシは一瞬ピクッと動いたが、あとは寝入るように静かに横たわるばかりだった。心臓に開けられた小さな穴からは、脈動のたびに血液が少しずつ胸腔に吐き出され、やがて脈動が止まるころには、体内のすべての血液はゼリー状を呈して胸腔を埋め尽くす。もちろん、横隔膜で隔てられた腹腔には、一滴たりとも血液は流れてゆかない。この失血法により、毛細血管に残る血液までも、きれいさっぱり心臓に呼びもどされるという。

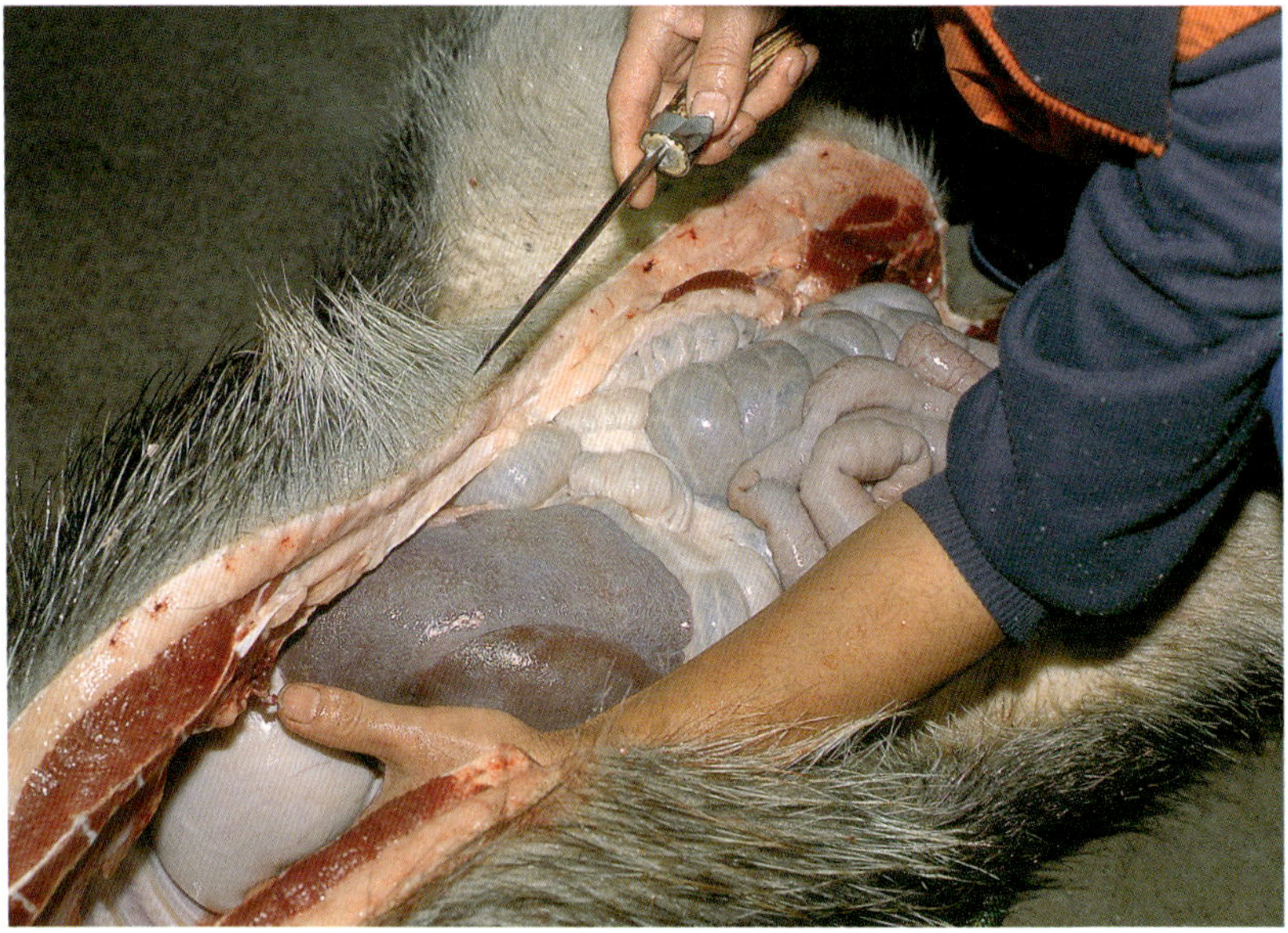

「シシ肉の臭みの原因は、この血抜きの拙《まず》さからくるんです。鉄砲で撃たれたシシが臭いのは当たり前です。全身に血液が滞ってしまい、それが時間とともに酸化するわけですから……。私がたどりついたやり方だと、血液はほぼ一滴残らず胸腔に集まる上に、呼吸停止した直後にそれを体外に排出させるわけですから、臭みの出る理由がありません」

息を引きとったシシは、速やかに足を縛っていたロープが解かれ、全身丁寧に水洗いを施される。体の汚れはもとより、全身に吸着したダニを洗い落とすのが主目的だ。一般にシシには三種類ぐらいのダニが付着しているといわれ、そのうちマダニは人間にも取りつくから、油断ならない。あるとき、この水洗いのときに約一・五センチもある巨大（？）なダニを見つけ、腰を抜かしたことがある。名前は分からなかっ

絶命し、全身水洗いされたシシに、即腹掻きが施される

たが、片桐から日本には一千種ものダニが生息すると教えられ、再度腰が抜けてしまった。

洗浄したシシは仰向けに寝かされ、下腹部からナイフを入れて、真一文字に首の下まで腹を切り裂く。切り開かれた胸腔には、ゼリー状に固まった血液が鮮やかに盛り上がり、まずはこれをホースで洗い流す。次に腹腔と胸腔から内臓をすべて引きずり出す。とはいえ、この腹搔きは一朝一夕に覚えられる作業ではない。骨盤を切り放すにはノコギリが必要だし、誤ってニオイブクロ（ペニスの奥にある）を破ったりしたら、そのシシの肉はすべて台無しになってしまう。膀胱を取り出すにもコツがいる。また、大腸をつなぎ止めている膜を切り離すにも、相当な熟練と根気が要求されるはずだ。

こうして、すべての内臓を引き出したら、再び丁寧に体壁を水洗いし、逆さ吊りにしてひと晩冷暗所（解体場の中）に保管する。その際、シシの胸の位置に羽子板（突っかい）をはめ、左右の肉が触れ合わないようにする。そして、翌朝を待って皮剝きに入るのだが、片桐は連日罠場を回る役目があるため、このやっかいな仕事は長男の尚矢の受持ちとなる。一日、その皮剝きを見させてもらったが、見ているだけでも肩が凝り、ドッと疲れを感じるほどハードで、忍耐のいる作業だった。

そのやり方は、小さなカミソリ様のナイフを使い、シシの表皮のすぐ下、脂肪との境目をひたすら根気よく切開してゆくのである。尚矢ひとりだと、一頭の皮剝きにじつに三時間近くを要してしまう。九州の猟師たちは毛剃りナイフで毛を処理するだけだから、片桐方式に比べたら、ま

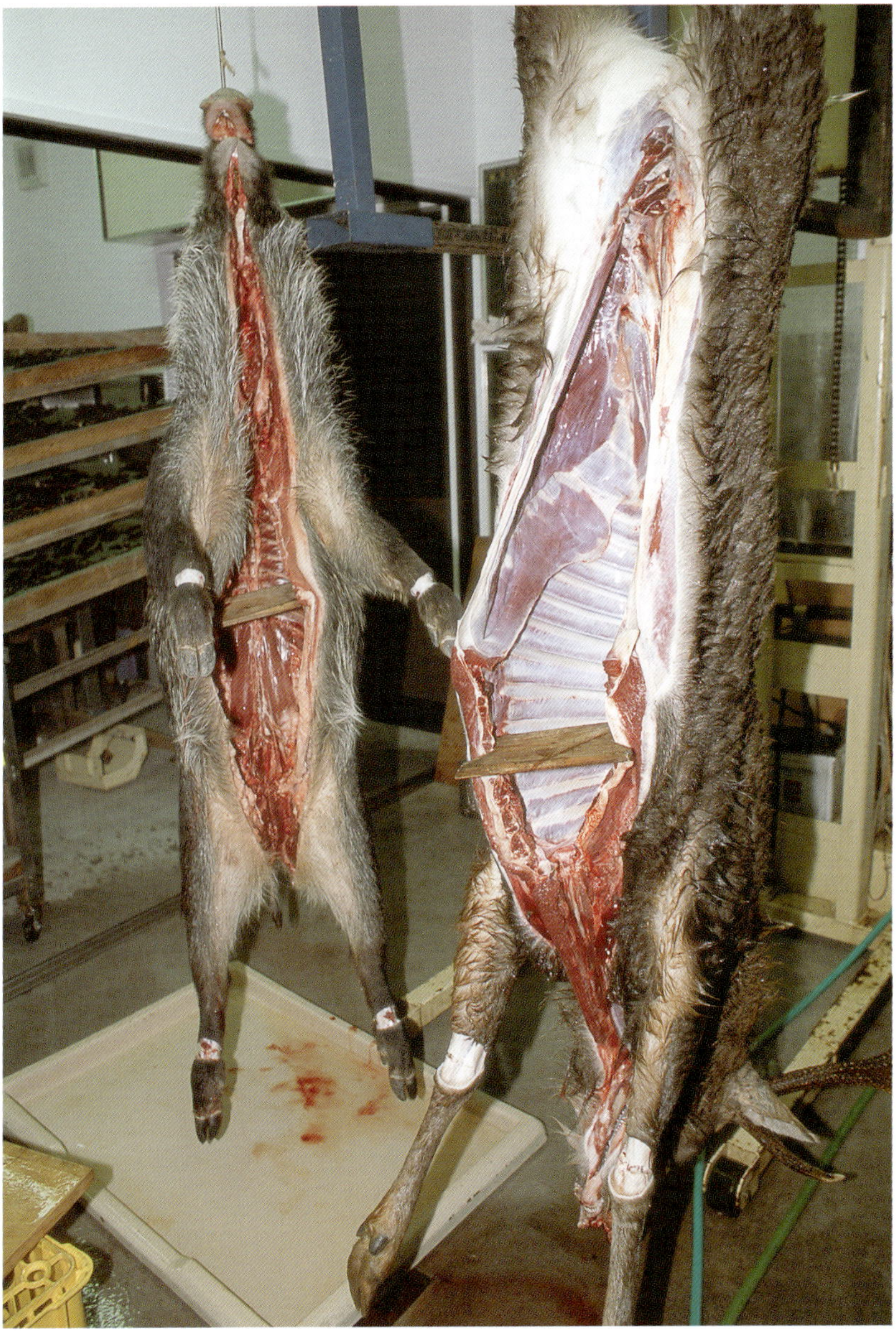

腹掻きのあと、この格好でひと晩解体場に保管する。翌朝を待って皮剥きに移る

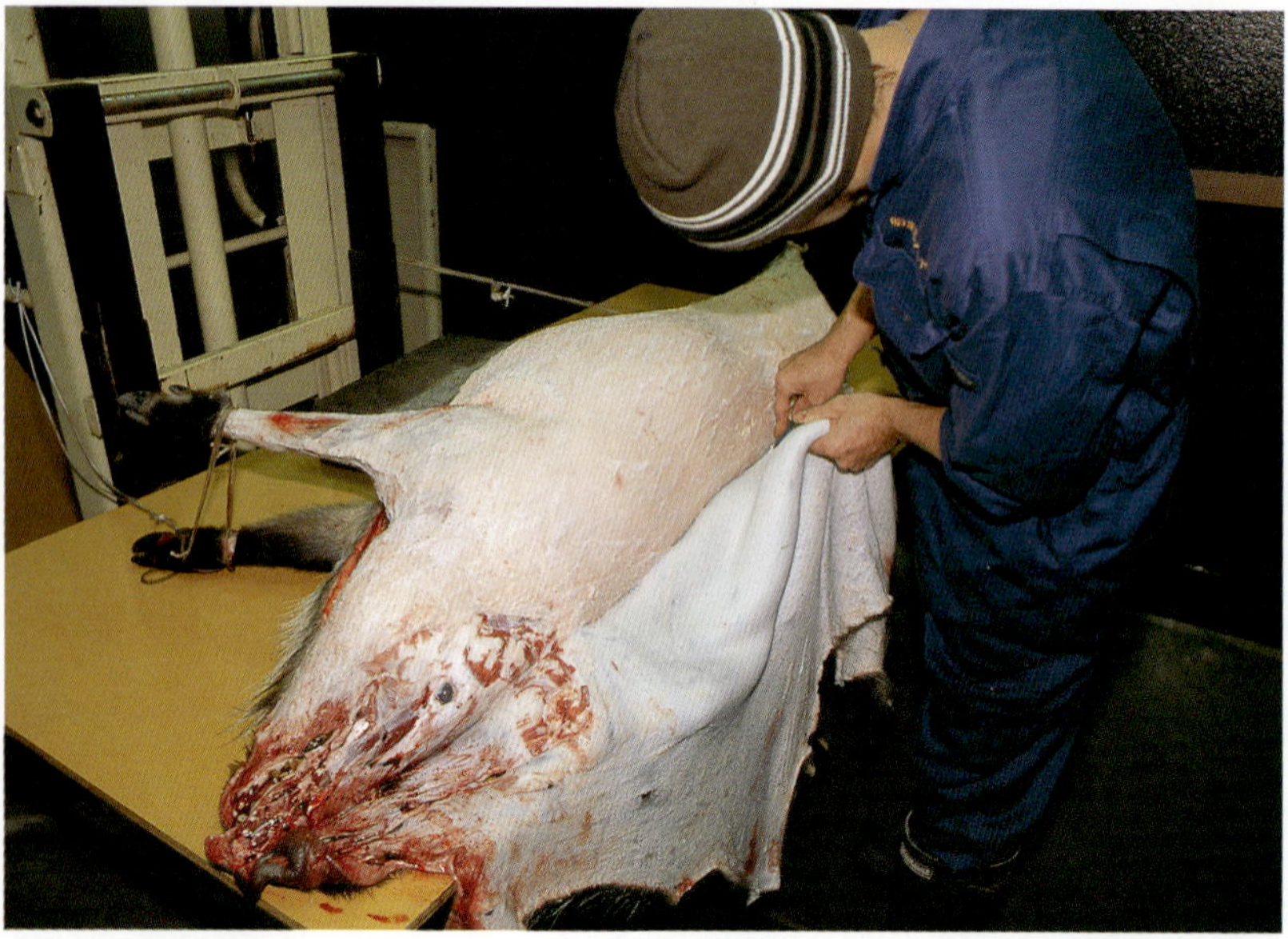

だずっと楽だ。最近では、毛剃りをするのはまだいいほうで、大方のハンターたちはガスバーナーでパーッと毛を焼き、それで済ませて平気な顔をしている。大事な獲物に無用の熱を加えるなどということは、肉質を極限まで追究している片桐にしてみれば、とても許せる業ではないのだが。

皮をきれいに剝ぎとると、白い脂肪に包まれた丸裸のシシが現れる。さらに頭部と足首を切り放せば〝枝肉〟となり、あとは部位ごとに骨を外してゆけば正味の肉をようやく手に入れることができる。肩から腰にかけてとれるロース、腰部や肋間からとれるヒレ、肋骨を包む三枚肉、そして四本の股肉《もも》。ズシリと重い正肉を手にしたときの片桐親子の表情は、まさにすべての苦労が報われたあとの、何とも晴ればれとした輝きにみちている。命懸けの生け捕りも、この瞬

根気との勝負の皮剝き。主役は長男の尚矢だ

間のために必須の〝序曲〟であったのだ。

シシ鍋のイメージを変える肉の旨さ

話は前後するが、解体の第一段階、つまり腹掻きをはじめてすぐ、片桐がまっ先にやることがある。それは、シシの胃のうしろ側にある脾《ひ》臓を切りとり、解体場の西側の壁に祀る神棚に捧げることだ。

「山の恵みを与えてくれたことに対し、衷心から山の神に感謝するわけです。同時に、次の獲物をとらせてもらえるよう、改めてお願いします。獲物はけして粗末に扱わないと、とれるたびに契りを交わすことにしているんです」

九州ではコウザキ（心臓）を山神に捧げるのがふつうだが、片桐が脾臓を奉献するのが興味深

腹掻きをはじめてすぐ、解体場の一角に祀る神棚に、切りとったシシの脾臓を捧げる

かった。特に理由はないというが、小さく目立たない臓器はどこか神秘的で、神棚に祀られるにふさわしい雰囲気がある。内臓は客から注文を受けない限り、店では出さない。その旨さの恩恵を受けるのは、身内や気心の知れた人間に限られる。

解体初日の腹搔きを見ていて感じたことは、枝肉の処理と同様、作業がじつに緻密で正確であるということだ。心臓やレバーは切れ目を入れて充分に血液を絞り出し、小腸・大腸は水道のホースで内側を完璧に洗浄したのち、切り開く。特に、大腸は糞便の臭いが残らぬよう、切開したあと、しつこいぐらい水をかけつつ押し洗いする。

内臓で片桐が捨てるのは、肺（アカフク）と膵臓だけだ。あとは睾丸、子宮（コブクロ）、腎臓（マメ）、タン、その奥にある軟骨（声帯）、横隔膜（セキノアブラ）など、すべて食用に供する。食べ方は、適当な大きさに切ったこれらモツを塩揉みし、ニンニクの香り付けをしたゴマ油に浸したのち、焼いて食べる。片桐方式の血抜きの効果はモツにも表れていて、どの部位を食べても嫌な臭いはいっさいしない。それどころか、余りの旨さに箸が止まらなくなるので、用心が必要だ。

モツは鍋で食べても、また旨い。味付けは塩のみを使い、加える野菜もニラ、キャベツ、それにモヤシだけ。焼いたときに固い部位も、鍋にすればたいがい軟らかくなるから、歯の悪い人には鍋がオススメだ。味でもけしてモツ焼きに引けをとらない。臭くないモツ鍋をぜひ一度試してほしい。

正肉の本格シシ料理はなおさら旨い。竹染の基本は鍋だが、焼肉、すき焼き、シャブシャブ、

そしてローストなどでも楽しむことができる。メインの鍋を味わった客は誰でも、これまでシシ鍋に対して抱いてきた先入観がものの見事に崩れ去るのを、いやが上にも思い知らされるはずだ。「寒くなったら一度は食べてみたいと思うけど、あの臭さのことを考えると、つい躊躇してしまう」というのが、ふつうの反応だろう。でも、竹染のシシ鍋であれば、こうした心配はいっさい無用だ。獣臭さはまるでなく、しかも牛肉や豚肉よりもダンゼン旨い。

　シシ鍋の味付けは味噌ベースが一般的だが、片桐の発想は意表をついている。塩に辣油《ラーユ》という組み合わせで、スライスニンニクを隠し味に使う。具はシシ肉のほか、ダイコン、白菜、ネギ（最後に入れる）などの野菜に、豆腐とシラタキが加わる。ゴボウや春菊など香りの強い野菜は、間違っても入れてはならない。

美しく盛り付けられたシシ肉のロース。牡丹と異称される理由がお分かりか？

塩と辣油のコンビネーションでスープをとるとはじめて聞いたとき、私はこれはぜったいいけるはずだ、と確信していた。なぜなら、九州で長く狩猟の取材をしてきて、やはり一番旨かったのが東郷（現日向市）でおぼえた〝塩鍋〟であったからだ。それは塩のみの味付けで、具もシシ肉とダイコンだけというじつにシンプルな鍋だが、これが絶品だった。

想像どおり、竹染のシシ鍋は猟師料理である日向の塩鍋よりさらに上手だった。具の組み合わせの妙に加え、辣油が醸し出す控え目な辛み、そして何よりもこの鍋の味を忘れ難いものにしていたのは、肉そのものの旨さだった。もちろん、その旨さの多くは件の血抜きからくることは、言を待たない。

すき焼きやシャブシャブについても同じ賛辞を呈することになるから、これ以上シシ料理に

臭いシシ鍋の先入観が見事にくつがえる竹染の“看板”。塩と辣油スープが意表をついて、絶品

はふれない。ただ、私の誕生日（二月十四日）に片桐がその祝いとして焼いてくれた三枚肉のローストだけは、最後に「とんでもなく旨かった」と記しておかねばならないだろう。贅沢の極みであるこのローストの旨さを表現するに相応しい言葉を、私はとんと知らない。

「今ならギリギリ間に合うかも……」

一方、シカの解体を見て驚いたのは、反芻動物である事実に対してだった。つまり、腹を割いた途端、腹腔をひとり占めする巨大な反芻胃が現れたのには、正直肝をつぶした。ほかの臓器は腹腔の隅に追いやられて、胃だけが山のように盛り上がった図を想像してほしい。九州山岳で付き合いのあった猟師たちはシカを外道（シシに対して）と見なす傾向があり、私はついぞシカの解体をこの目でまともに見たことがなかった。シカが捕れたとしても、ほとんど興味を示すことなく、欲しい人にタダであげてしまうため、解体の一部始終を目にする機会に恵まれなかったのだ。

反芻胃は四嚢に分かれていて、そのうちの二室と三室はその内壁の形状から〝ハチノス〟〝センマイ〟の名でそれぞれ知られている。朝鮮料理のメニューには必ず載っているものだが、それはあくまで牛の胃料理であり、シカのハチノスやセンマイが食べられる店は、国内広しといえどもあまりないのではなかろうか。ちなみに、竹染ではこれらを丁寧に水洗いしたあと細かく切って、生のままカラシ酢味噌で食べさせる。牛の胃と同様にシコシコと弾力があり、味云々というより

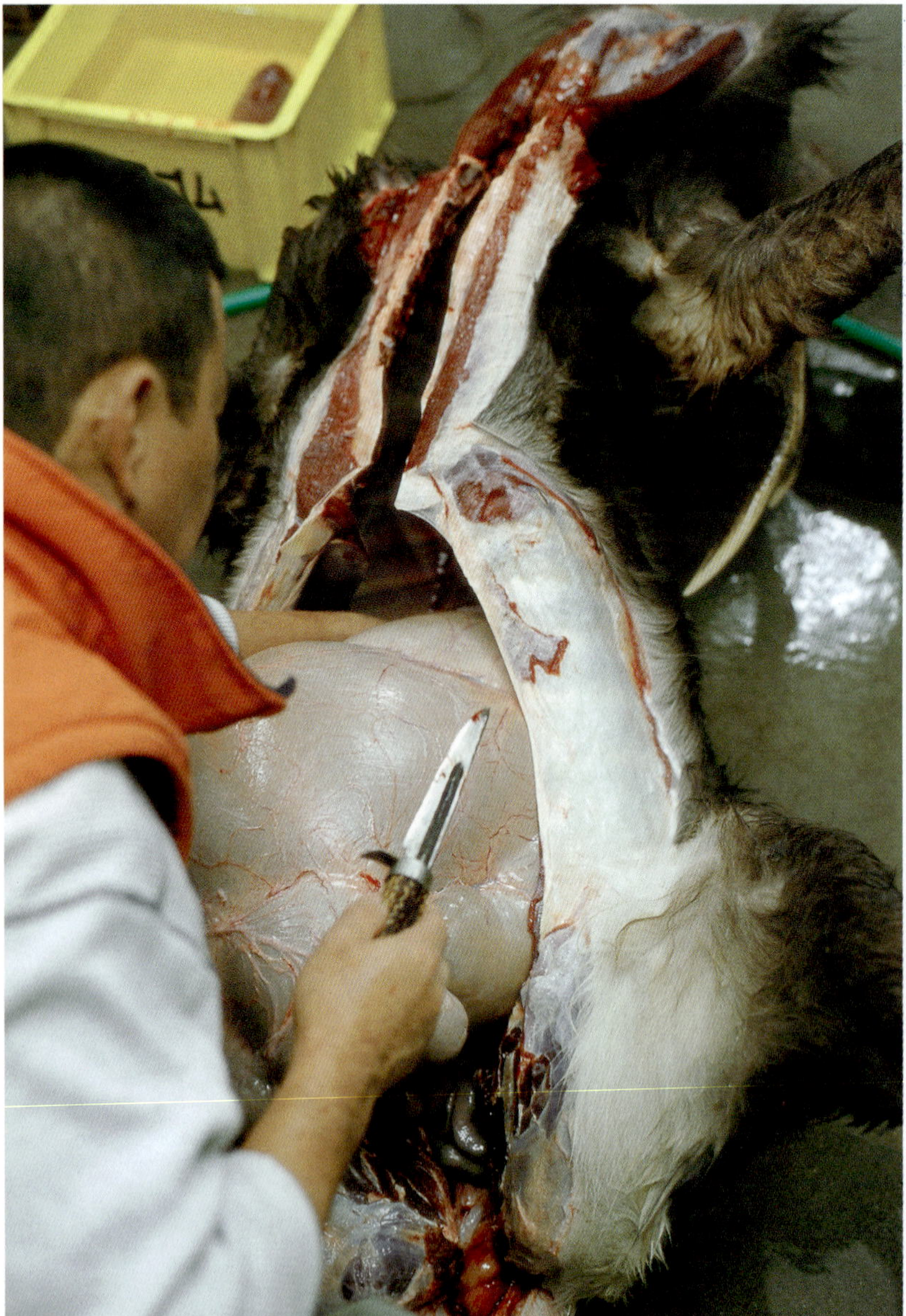

シカの解体。腹を開くと、まっ先にとび出してくる反芻胃に度胆を抜かれる

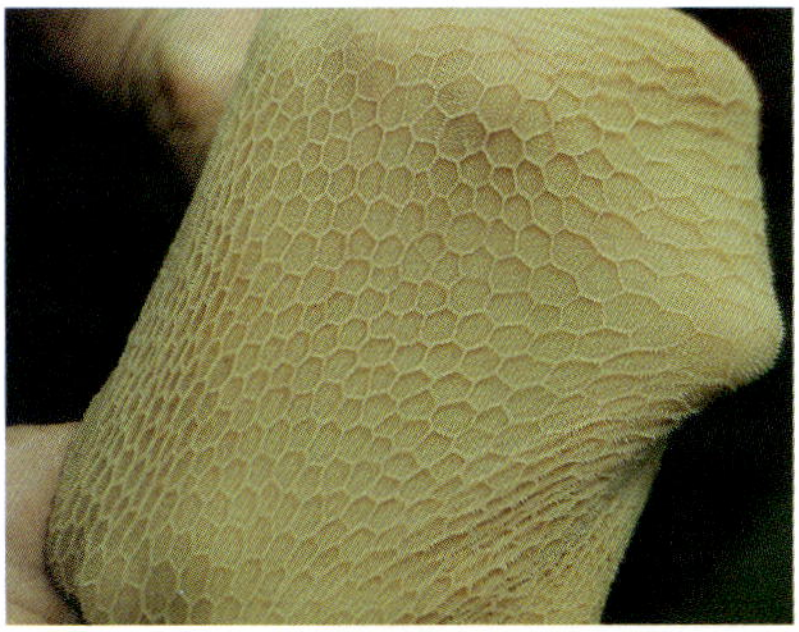

(上)文字どおり“ハチノス”そのままのシカの胃第２室
(中)ハチノス、センマイをふくむシカの胃の刺身。カラシ酢味噌で食感を楽しむ
(下)同じくシカの内臓の刺身。右の皿はレバー、左の皿に心臓(上)とタン(下)

食感を楽しむ料理になっている。

シカ肉においても、片桐は積極的に刺身に調理する。正肉はもちろんのこと、レバー、心臓、タンは例のアブラ塩（アブラはゴマ油）で客に振る舞われる。「シカ肉はすぐ青臭《くさ》い臭《にお》いがつく」（片桐の弁）から、刺身で味わおうと思ったら、捕ったその日に食べるのが基本だ。レバーは甘く、心臓は若干甘みに劣るが、歯応えがいい。面白いのは生のタンで、嚙むほどに甘みが出てきて、虜《とりこ》になる。新鮮な背ロースはなめらかなネットリ感があり、シカ刺の真髄を味わうことができる。

しかし、竹染で覚えた最高のシカ料理は、じつはこれらのほかにある。私だけが味わった特別料理だから書く必要もないのだが、九州の猟師たちが外道と見なすシカがここまで旨いことを知らしめるためにも、敢えて紹介しておこうと思う。その料理とは、ヒレ肉のステーキである。

「この間とった八十五キロ（シカでは最大級）の牡ジカでも、ヒレ肉は内筋の両側にわずか三百グラムずつていどしかついていない。目が飛び出るくらい貴重な肉なんです」

そう告げられたこともあり、私は食べる前からカチカチに緊張してしまった。片桐はまず、そのダイヤモンドのようなヒレ肉の塊に塩、コショウを振りかける。正確に言うと、それには微妙な量の砂糖とローレル（月桂樹）の香りがまぶしてある。これを軽く炙るていど（つまりレア）に焼き、その上でバター醬油につけて食するのだ。

文字どおり初体験の味だった。牛のテンダーロインやサーロインなどより余程旨いことは分かるが、その未知の味をどう説明したらよいか。濃厚な味わいこそないが、ヒレ肉にもかかわらず、また淡泊が特徴のシカ肉であるにもかかわらず、意外なほどのコクと旨みが感じられるのだ。はっきり言って、カモやシシとはまた別の妙味なのである。じつは九州の猟師たちの影響で、私もこれまでは、シカ肉は取るに足りないジビエで、食べるまでもないものと決めつけていた。少なくとも片桐と出遭うまでは……。

貴重なヒレはともかく、どの部位を食べてもことごとく旨いのは、新たな発見だった。結局は、血抜きの巧拙がシカ肉の味を大きく左右していたのに違いない。今さらながら、片桐の失血法による解体の偉大さがクローズアップされるのだ。

それは狩猟人生の集大成ともいえる究極の発見、そして技法だった。片桐は常々、「すべては、最高のジビエを客に供したいという一心から発している」と言って、はばからない。そのとおりだろう。料理人たるものは、みずから調理した料理に対して、客がいかなる反応を示すかによって成り立つ職業だからである。

しかし、片桐の場合、料理人としての腕の確かさは言わずもがなだが、それ以前に狩人としての能力に天才的なものがあり、私は半ば畏怖の念をおぼえつつ、その仕事振りを取材させてもらった。彼の傍らに長い時間いて見えてきたことは、その天才は文字どおり天賦のものであったというよりも、周囲の環境、とりわけ自然環境に多くを負うものであるということだった。正確に言えば、片桐が享受した少年時代の豊かな自然環境が、今につながる天才的狩人を育んだのだ。だが、これまで片桐の仕事の現場をとおして見てきたように、この惑星にはもはや彼のような天才を育むことのできるような自然は残されていない。

それどころか、自然の動的平衡はすでに、復元力を取りもどせないレベルにまで攪乱されてしまった可能性がある。片桐の「今ならギリギリ間に合うかもしれない」という言葉を信じたいが、手遅れの兆候が惑星の随所で見えはじめた今、我々は今後どんな態度をとるべきなのか。政治や経済などの課題とは異なり、これはもはや一日たりとも先送りできない難題であるはずだ。終末がはっきり見えたとき、絶望感にさいなまれるのは筆者ひとりだけであろうか。

終章　小十郎からの伝言

片桐のうしろ姿を追っている間中、常に二重写しにうかぶ心象風景があった。宮沢賢治の『なめとこ山の熊』（以下、ちくま文庫から引用）の主人公、小十郎の姿である。母親と五人の孫たちのために懸命にクマを狩り、その毛皮と胆を売ってなりわいにする小十郎。必要に迫られてクマを殺してはいても、けして彼らを憎んではいなかった。ある日、樹の上によじ登っている大きなクマを見つけた。小十郎が銃を構えて近寄ると、クマは両手を樹からはなして、ドタリと目の前に落ちてきた。

「おまえは何がほしくておれを殺すんだ。」クマは両手を挙げて叫んだ。

小十郎は答える。

「あゝ、おれはお前の毛皮と、胆のほかにはなんにもいらない。〈中略〉ほんたうに気の毒だけれどもやっぱり仕方ない。けれどもお前に今ごろそんなことを云はれるともうおれなどは何か栗かしだのみでも食ってゐてそれで死ぬならおれも死んでもいゝやうな気がするよ。」

クマは「少し残した仕事もあるし」と、小十郎に命乞いをする。その替わり、二年後には喜んで命を差し出すと約束し、そこからおもむろに立ち去ってゆく。その様子を見ていた小十郎は「う、うっ」と切なくなり、スゴスゴと家路についた。

それからちょうど二年がたった日の朝、小十郎は家の前の垣根の下に、見覚えのある赤黒いものが横たわっているのを見つける。この前のクマが、約束どおりに口からいっぱい血を吐いて倒れている姿だった。小十郎は思わず拝むように手を合わせた。

そして一月のある日、雪の峰で小休止をとっていた小十郎の目の前に、大きなクマが現れる。夏の間に眼をつけておいた相手だった。小十郎は落ちついて足を踏ん張り、銃を構えた。クマは棒のような両手をびっここに挙げて、まっすぐ突進してきた。さすがの小十郎もちょっと顔色を変えた。「ピシャ」というような鉄砲の音が聞こえた。ところが、クマは少しも倒れないで、嵐のように黒く揺らいで突っ込んでくる。犬がその足元に噛みついた。

と思うと、小十郎は「ガァーン」と頭が鳴って、回りが一面まっ青になった。続いて、遠くでこういう言葉を聞いた。

「おゝ小十郎おまへを殺すつもりはなかった。」

もうオレは死んだんだと小十郎は思った。そして、チラチラチラチラ、青い星のような光がそこいら一面に見えた。

「これが死んだしるしだ。死ぬとき見る火だ。熊ども、ゆるせよ。」

こう叫んで小十郎は事切れる。

このわずか十二ページ（文庫本で）ばかりの短篇を通して、賢治は読者に何を伝えようとしたのだろうか。私には、小十郎はそのまま現代の人類に置き換えられるような気がしてならない。しかし、小十郎と人類はけしてイコールで結ぶことはできない。小十郎のほうが遥かに自制心に富み、足るを知る存在であるからだ。にもかかわらず、小十郎は最後には愛する家族を残して先に逝く運命に殉じている。

その刹那、「熊ども、ゆるせよ」と発せられた小十郎の叫びを、我々はまた、どうとらえるべきなのか。クマはこのときすでに神的存在となり、小十郎はその神に対して許しを乞うていたのだろうか。一方、現代の人類は、いまだ、自然に対して、さらに神に対して懺悔する気はさらさらないようだ。だが、神が「おお人類よ、おまえたちを滅ぼすつもりはなかった」というフレーズをけして使わないと、誰が断言できるだろうか。

その日は、明日にも迫っているかもしれないのである。

あとがき

いつのころからだろう、日本人が野生のイノシシやシカのことを本気で〝害獣〟呼ばわりしだしたのは。ほんの少し視点を変えてみてほしい。つまり、この小さな惑星に人類と同等に棲む権利をもつシシやシカの目には、人間こそ勝手し放題をしてきた、まさしく害獣と映っているに違いないのだ。

この国では、早いところではすでに近世末のころからスギやヒノキの植林が進められてきた。本文でふれた金原明善の造林事業も、端緒は河川改修に伴うものであれ、そうした流れの中にある。造林と言えば聞こえはいいが、要は多様な動・植物の生にとって欠かせない広葉樹の森（自然の餌場）を葬り、生き物の生存を危うくする単一樹種で埋め尽くしただけなのだ。こうした植林事業は、熱帯地方で行われているゴムやパームヤシのプランテーションと何ら変わるところがない。

仮に針葉樹の植林を認めるとしても、そこには厳しい条件をつけるべきだった。たとえば、林家が植林を望む場合には、所有面積の大・小にかかわらず山林の五割までしか植林を許可しないとか、造林した林地には永久的に除・間伐等の義務を負わせるとか、しかるべき強制的な措置を前もって決めておくべきだった。しかし、もとより何の規制も付帯条件もなかったために、外材が堰を切ってなだれ込んでくるようになって以来、植林の山は見事に捨てられ、荒れるにまかせられている。

手入れがされず、陽が差し込まない植林の山は、下草が消えるにつれて表土はすべて雨とともに流亡し、谷川を埋め、ダム湖に襲いかかる。だから今、全国の山は岩山と化し、本来なら海に面した港湾が活躍の場であるはずの浚渫船《しゅんせつ》が、みなダム湖にかり出されている有様だ。山の砂漠化とともに、野生動物たちはいやおうなく奥山を後にし、餌を求めて里山に下りてきた。それは動物としての生きる本能であり、人間に居場所を奪われてのやむにやまれぬ行動であった。もとより、人間に〝害獣〟と呼ばれる筋合は、どこにもなかったのである。彼らは正真正銘の被害者であったのだから……。

あるとき、片桐の知人で、天竜林業の御意見番ともいえる戸田尚男さんが、専門家の立場でこう仰せられた。

「今後、この国で木造家屋の建築ブームがおこったとしても、山林総面積の三割も針葉樹が植わっていれば、充分その需要に応えられるでしょう。まさしく植林のしすぎです。それに本来、山の崩壊を防ぐためにも、標高五百メートル以上に針葉樹を植えることは控えるべきなんです」

将来、木造建築のブームが到来することはまず考えにくいが、業界の重鎮である戸田さんが率直《そっちょく》に現在の植林事業の問題点を突いてくれたことが、私にはとてもうれしかった。時代は確実に変わってきたのである。しかし、この国土からあらゆる動・植物が駆逐される前に、一刻も早く、生き残った種を守る行動を起こさなくてはならない。もはや猶予は与えられていないのだ。

私はかねがね、まったく埒のあかないこの問題に対して、即刻条例なり法律を定めて、強制的に植林の山を自然林にもどすべきことを訴えてきた。つまり、各家の持ち山の面積の多寡にかかわらず、植林は一律全体の五割までとかの制限をもうけ、それに違反した場合には罰せられる仕組み（たとえば罰金）を作るというものだ。最初のうちは七割でいいどの緩い目標設定でもいいから、何年かかけて戸田さんが御墨付を与えてくれた三割ぐらいまでに、植林の面積を逐次減らしてゆくのである。

おそらく、この国ではすべての動・植物が絶滅するまでこうした運動は起こり得ないだろうが、「核の時計」と同様に、環境の時計ももうとっくに零時の寸前まで針を進めている。

こうした危機意識を共有できたのが、本書の主人公である片桐邦雄だった。今でも鮮烈に覚えている。初対面のとき、わずかふた言、三言話しただけで、彼と私はしぜんに〝本題〟に入ることができたのだった。この男とは本気で「現代の危機」について語り合える、と私は直感したのである。彼の協力の大きさに比して、筆者がまとめた成果は余りにも些細にすぎなかったかもしれないが、ひとまずこれを中間報告として聞き届けてほしい。

我々ふたりの喧々囂々《けんけんごうごう》のやり取りに、半ば呆れ顔で聞き耳を立ててくれていたのが、鉱脈社の社長、川口敦己さんだった。何で宮崎（九州）くんだりの出版社が天竜（静岡）の猟師をテーマにした本を出版するのか？　こうした質問には、私はいっさい応じる気はない。なぜなら、筆者自身が今《こん》作品を単なる〝地方もの〟と考えたことは金輪際なく、もとより惑星レベルを念頭に取材もし、ペンを走らせたつもりであるからだ。もちろん、川口社長は我々のこうした視点を、とうに見抜いてくれていたのである。

ともあれ、このささやかな書を一月に逝った片桐の母、たまに捧げたい。そして、ハードな取材を文字どおり身を挺して支えてくれた、名もなき野生獣たちにも。あなたたちの魂は、読者がたしかに受け継いでくれるはずである。

飯田辰彦　いいだたつひこ
1950年、静岡県生まれ。ノンフィクション作家。国内・外の風土に根ざしたテーマで、数々の作品を世に送り出している。著書に『美しき村へ』『あっぱれ！日本のスローフード』（淡交社）、『相撲島』（ハーベスト出版）、『生きている日本のスローフード　宮崎県椎葉村、究極の郷土食』『罠猟師一代　九州日向の森に息づく伝統芸』『輝けるミクロの「野生」　日向のニホンミツバチ養蜂録』『メキシコ風来　コロニアル・シティの光と陰』（鉱脈社）などがある。

みやざき文庫 78

ラストハンター
片桐邦雄の狩猟人生とその「時代」

2011年5月24日 初版印刷
2012年4月11日 2刷発行

著　者　飯田辰彦

発行者　川口敦己

発行所　鉱脈社
宮崎市田代町263番地　郵便番号880-8551
電話0985-25-1758

印刷 製本　有限会社 鉱脈社

印刷・製本には万全の注意をしておりますが、万一落丁・乱丁本がありましたら、
お買い上げの書店もしくは出版社にてお取り替えいたします。（送料は小社負担）